BEI GRIN MACHT SICH IHR WISSEN BEZAHLT

AF151124

- Wir veröffentlichen Ihre Hausarbeit,
  Bachelor- und Masterarbeit

- Ihr eigenes eBook und Buch -
  weltweit in allen wichtigen Shops

- Verdienen Sie an jedem Verkauf

**Jetzt bei www.GRIN.com hochladen
und kostenlos publizieren**

GRIN

Tobias Gebauer

Das Preismanagement von Innovationen. Eine Untersuchung von Preisstrategien, Preismechanismen und Erfolgsdeterminanten

GRIN Verlag

Bibliografische Information der Deutschen Nationalbibliothek:

Die Deutsche Bibliothek verzeichnet diese Publikation in der Deutschen National-
bibliografie; detaillierte bibliografische Daten sind im Internet über http://dnb.d-
nb.de/ abrufbar.

Dieses Werk sowie alle darin enthaltenen einzelnen Beiträge und Abbildungen
sind urheberrechtlich geschützt. Jede Verwertung, die nicht ausdrücklich vom
Urheberrechtsschutz zugelassen ist, bedarf der vorherigen Zustimmung des Verla-
ges. Das gilt insbesondere für Vervielfältigungen, Bearbeitungen, Übersetzungen,
Mikroverfilmungen, Auswertungen durch Datenbanken und für die Einspeicherung
und Verarbeitung in elektronische Systeme. Alle Rechte, auch die des auszugsweisen
Nachdrucks, der fotomechanischen Wiedergabe (einschließlich Mikrokopie) sowie
der Auswertung durch Datenbanken oder ähnliche Einrichtungen, vorbehalten.

Impressum:

Copyright © 2011 GRIN Verlag GmbH
Druck und Bindung: Books on Demand GmbH, Norderstedt Germany
ISBN: 978-3-656-67277-7

Dieses Buch bei GRIN:

http://www.grin.com/de/e-book/275130/das-preismanagement-von-innovationen-
eine-untersuchung-von-preisstrategien

GRIN - Your knowledge has value

Der GRIN Verlag publiziert seit 1998 wissenschaftliche Arbeiten von Studenten, Hochschullehrern und anderen Akademikern als eBook und gedrucktes Buch. Die Verlagswebsite www.grin.com ist die ideale Plattform zur Veröffentlichung von Hausarbeiten, Abschlussarbeiten, wissenschaftlichen Aufsätzen, Dissertationen und Fachbüchern.

Besuchen Sie uns im Internet:

http://www.grin.com/

http://www.facebook.com/grincom

http://www.twitter.com/grin_com

Das Preismanagement von Innovationen: Eine Untersuchung von Preisstrategien, Preismechanismen und Erfolgsdeterminanten

vorgelegt am

Fachbereich Rechts- und Wirtschaftswissenschaften

Fachgebiet Marketing & Personalmanagement

Technische Universität Darmstadt

Wintersemester 2011/12

von

cand. B.Sc. Tobias Gebauer

Inhaltsverzeichnis   I

Abbildungs-/Tabellenverzeichnis   I

Tabellenverzeichnis   I

Abkürzungsverzeichnis   I

PatG   Patentgesetz

1. Einführung

1.1 Relevanz für die Unternehmenspraxis

„Vieles ist technisch machbar, aber ein Produkt wird nur dann einen Markt finden, wenn auch sein Preis vertretbar ist."

Robert N. Noyce (*1927), amerik. Industrieller, Mitgründer Fairchild Semiconductor u. Intel

Doch wann ist ein Preis noch vertretbar? Wo liegt die maximale Preisgrenze von Produkten, sodass diese noch gekauft werden? Wie oft werden sie dann noch verkauft? Wie hoch sollte der Preis gesetzt werden, um den Gewinn zu maximieren? Wie soll er sich über die Zeit verändern? Dies sind essentielle Fragen, mit denen sich Unternehmen täglich befassen müssen, denn der Preis ist ein entscheidender Einflussfaktor des Unternehmensgewinns. Die Antworten auf diese Fragen sind so unterschiedlich wie die Unternehmen selbst. Daher gibt es keine allgemein gültige Antwort, die für alle Unternehmen gleichermaßen gilt.

Um eine Antwort geben zu können, müssen die Rahmenbedingungen der einzelnen Unternehmen miteinbezogen werden. Doch welche Rahmenbedingungen sind überhaupt relevant? Sie sind zunehmend durch die Globalisierung und die dadurch steigende Wettbewerbsintensität geprägt. Für Unternehmen wird es zunehmend schwerer, sich langfristig am Markt zu behaupten und sich von der Konkurrenz abzuheben. Das wichtigste Mittel, um Kunden an sich zu binden und neue Märkte zu erschließen, sind Innovationen (vgl. Ali 2000, S. 151). Durch diese können sich Unternehmen von der Konkurrenz differenzieren und nachhaltiges Wachstum generieren. Die erfolgreichsten Unternehmen realisieren 48% ihrer Verkäufe und 45% ihres Profits mit Produkten, die in den letzten fünf Jahren kommerzialisiert wurden. Dieser Prozentsatz ist über die letzte Dekade stabil geblieben (vgl. Hauser/Tellis/Griffin 2006, S. 707).

Allerdings ist die Fehlerrate von Innovationen sehr hoch. Je nach Quelle und Produkttyp liegt sie für vollständig kommerzialisierte, also in den Markt eingeführte Produkte, zwischen 40%-50% (vgl. Chiesa/Frattini 2011, S. 437). Eine umfassende Studie stellte sogar eine Floprate von 70% von Fast Moving Consumer Goods fest. Entsprechend sind 70% aller neueingeführten Produkte nach 12 Monaten nicht mehr im Handel erhältlich. Nur 17% der neuen Produkte sind von Beginn an erfolgreich, was eine Fehlinvestition von 10 Mrd. Euro allein bei Fast Moving Consumer Goods in Deutschland zur Folge hat (vgl. Studie Markenverband/GfK/Serviceplan). Das Institut für angewandte Innovationsforschung kam sogar zu dem Ergebnis, dass nur jede sechzehnte Produktinnovation ein wirtschaftlicher Erfolg wird. Von allen Produktideen kommt nur jede dritte in die Prototypenentwicklung, 13% werden in den Markt eingeführt und nur 6% haben wirtschaftlichen Erfolg (vgl. Studie IAI). Im Bereich des Innovationsmanagements und der Produktneueinführungen gibt es, wie man erkennen kann, noch gewaltigen Verbesserungsbedarf. Besonders vor dem Hintergrund das Produktinnovationen bei forschungsintensiven Industrien wie der Chemie-, Pharma- und Elektroindustrie und dem Maschinen- und Fahrzeugbau im Durchschnitt 35% des Umsatzes ausmachen (vgl. Studie Zentrum für europäische Wirtschaftsforschung GmbH). Doch worauf ist diese hohe Floprate bei Innovationen zurückzuführen? Laut einer Studie gehen 60% der Innovationsflops auf mangelnde Markt- und Verbraucherorientierung zurück, deren Ursache unter anderem der mangelnde Innovationsgrad und das unstimmige Preis-Leistungs-Verhältnis sind (vgl. Studie Markenverband/GfK/Serviceplan).

Ein weiteres Problem vieler Firmen, auf das auch das unstimmige Preis-Leistungs-Verhältnis zurückzuführen ist, ist die mangelnde Professionalisierung des Preismanagements, besonders im Business-to-Business-Bereich, wodurch den Unternehmen große Renditechancen entgehen (vgl. u.a. Dutta/Zbarack/Bergen 2003, S. 615 ff.). Die entgangenen Renditechancen machen dabei laut einer Studie der auf Pricing spezialisierten Unternehmensberatung Simon-Kucher im Durchschnitt 25% des Unternehmensgewinns aus. Durch effektivere und professionellere Pricing-Prozesse ließe sich also der Gewinn eines Unternehmens um durchschnittlich ein Viertel steigern (vgl. Studie Simon-Kucher).

Dieses enorme Gewinnsteigerungspotential durch einen optimalen Preis ist noch höher zu bewerten, wenn man sich die Gewinngleichung vor Augen führt: Der Gewinn ist gleich die Menge mal dem Preis minus die Kosten. Die drei kritischen Variablen sind also Menge, Preis und Kosten. Seit den neunziger Jahren lag das Hauptaugenmerk von Unternehmen in der Kosteneinsparung und in diesem Bereich wurden große Fortschritte erzielt. Doch inzwischen ist das Einsparungspotential durch Kostensenkungen von vielen Unternehmen schon weitestgehend ausgeschöpft, hier sind kaum noch Verbesserungen möglich und die Kostensenkungspotentiale sind stark gesunken vgl. Simon 2004, S. 2 ff.).

Gewinnsteigerungen über die Menge zu realisieren ist in den meisten Märkten ebenfalls problematisch. In gesättigten Märkten lassen sich Mengensteigerungen nur über Gewinne von Marktanteilen verwirklichen, was auf Kosten der Konkurrenz geht, die das zu verhindern suchen. Mengensteigerungen lassen sich also entweder durch überlegene bzw. innovative Produkte, neue Märkte oder den Preis ermöglichen (vgl. Simon 2004, S. 2 ff.). Die größten

Gewinnsteigerungspotentiale liegen entsprechend zum einen in der effizienteren Gestaltung des Pricing-Prozesses und zum anderen in der Verringerung der Innovationsfloprate, wodurch die Möglichkeit, überlegene Produkte zu entwickeln und so neue Märkte zu erschließen, verbessert wird (vgl. Tacke 1997, S. 993 ff.).

In der vorliegenden Bachelorarbeit wird genau der Schnittpunkt dieser beiden Sachverhalte behandelt: Das Preismanagement von Innovationen. Die Bachelorarbeit wird zum einen dazu beitragen, die Innovationsfehlerrate zu verringern und zum anderen den Gewinn durch effizientere Pricing-Prozesse zu erhöhen. Dazu wird gezeigt, welche Preisstrategie man bei Produktneueinführungen abhängig von deren Innovationsgrad verwendet, um deren Markterfolg zu erhöhen. Zu diesem Zweck wird, basierend auf wissenschaftlichen Beiträgen und empirischen Studien, ein Modell entwickelt, mit Hilfe dessen es möglich ist, die optimale Preisstrategie für eine Innovation zu finden. Selbstverständlich hängt von dieser anfänglichen Preisstrategie einer Innovation sehr vieles ab: Sie bestimmt das Nachfrage- und Konkurrenzverhalten und somit, ob eine Innovation ein Markterfolg wird und Gewinn für das Unternehmen erwirtschaftet oder ob die Innovation sich zu einem Misserfolg gestaltet und hohe Verluste für das Unternehmen nach sich zieht (vgl. u.a. Dean 1950, S. 141 ff.). Unternehmen sollen anhand dieses Modells in die Lage versetzt werden, die optimale Preisstrategie für die unternehmenseigenen Rahmenbedingungen zu bestimmen, sodass die Fehlerrate von Innovationen gesenkt, deren Markterfolg erhöht und somit der Unternehmensgewinn gesteigert wird.

1.2 Relevanz für die Wissenschaft

Die Themen Pricing, Innovationen und deren Diffusion spielen in der Wissenschaft eine große Rolle. Seit Jahrzehnten erscheinen unzählige Artikel zu diesen Themen (vgl. u.a. Dean 1950; Noble/Gruca 1999; Tellis 1986; Park/MacLachlan/Love 2011). Innerhalb der Pricing-Forschung gibt es mehrere Richtungen, in denen geforscht wird, ein Teil der Forschung beschäftigt sich mit verschiedenen Preisstrategien unter unterschiedliche Rahmenbedingungen, wie beispielsweise verschiedene Marktformen. Die meisten Artikel beschränken sich dabei auf bestimmte Situationen innerhalb dieser Rahmenbedingungen, wie den Monopol- oder Oligopolfall (vgl. u.a. Kalish 1983; Dockner/Jorgensen 1988). Einen Überblick haben bis jetzt erst wenige Artikel gegeben (vgl. u.a. Noble/Gruca 1999, Tellis 1986). Es wird jedoch nicht betrachtet, welche Preisstrategien unter verschiedenen Rahmenbedingungen tendenziell erfolgreicher sind, weshalb in diesem Bereich eine Forschungslücke entstanden ist (vgl. Totzek/Alavi 2011, S. 534, Noble/Gruca 1999, S. 439

ff.). Ein Ziel dieser Arbeit ist es diese Lücke zu schließen. Dazu wird ein Modell entwickelt, das einen Überblick bezüglich des Konkurrenz- und Kundenverhaltens gibt. Anhand dieses Verhaltens und unter Einbezug des Innovationsgrads eines Produkts wird das Modell dann Handlungsempfehlungen für verschiedene Situationen ausstellen.

Robinson/Lakhani (1975) markierten dann den Beginn einer neuer Forschungsrichtung: Diese Forschungsrichtung versuchte auf Basis des von Bass (2004) entwickelten Diffusionsmodells, die optimale Preisstrategie für neue Produkte zu bestimmen. Dafür wurde mittels mathematischer Modelle die Verbreitung von Produkten für verschieden hohe Preise unter verschiedenen Rahmenbedingungen untersucht und anschließend der gewinnmaximierende Preis bestimmt (vgl. u.a. Kalish 1983; Dockner/Jorgensen 1988). Das Bass-Modell wurde deshalb um zusätzliche Variablen erweitert, sodass beispielsweise auch Preis-, Konkurrenz- und Werbeeffekte berücksichtigt werden konnten (vgl. u.a. Dockner/Jorgesen 1988, Krishnan/Bass/Jain1999, Horsky 1990). Ein Aspekt blieb allerdings bei dieser Forschungsrichtung bisher unberücksichtigt: Der Innovationsgrad.

Dies ist vor allem darauf zurückzuführen, dass dieser nicht einheitlich definiert ist (vgl. Garcia/Calantone 2002, S. 110). Diese Bachelorarbeit wird den von Garcia und Calantone (2002) definierten Innovationsgrad zugrunde legen, da diese in deren Artikel verschiedene Innovationsgraddefinitionen auf einen gemeinsamen Nenner gebracht haben. Dieser Innovationsgrad wird zum einen in eine Mikro- und Makroperspektive und zum anderen in eine Markt- und Technologiedimension aufgeteilt (vgl. Garcia/Calantone 2002, S. 110 ff.). Auf Basis verschiedener Ausprägungen dieser Dimensionen wird eine Fallunterscheidung getroffen, um die optimale Strategie zu bestimmen.

Der Beitrag dieser Arbeit liegt darin, dass sie die Literaturströme des Behavioral-Pricing, des Pricings von neuen Produkten und die Innovationsliteratur vereinigen wird und ein Modell auf Basis eines einheitlichen Innovationsgrades entwickelt. Dieses Modell ermöglicht es Pricing-Entscheidungen in Abhängigkeit dieses einheitlichen Innovationsgrades zu treffen. Dies ist von Bedeutung, da das Pricing beim Markterfolg eines Produkts eine höhere Rolle als bisher angenommen spielt und daher einer näheren Untersuchung bedarf (vgl. Chiesa/Frattini 2011, S. 452). Das Modell wird diese geforderte Untersuchung liefern, indem es einen simultanen, umfassenden Einblick über das Konkurrenz und Nachfrageverhalten gibt und dabei zusätzlich noch den Innovationsgrad in die Untersuchung mit einbezieht.

Speziell das Konkurrenzverhalten wird nochmals in die drei Faktoren Eintrittsgeschwindigkeit, Eintrittswahrscheinlichkeit und Preisanpassungen aufgegliedert, was in dieser Form noch nicht geschehen ist. Bisher wurde in der Pricingliteratur lediglich die Eintrittswahrscheinlichkeit untersucht (vgl. Redmond 1989, S. 100 ff.) und in der Innovationsliteratur nur die Eintrittsgeschwindigkeit (vgl. Ali 2000, S. 151 ff.). Eine gemeinsame Betrachtung wurde bis jetzt noch nicht durchgeführt. Durch diese Unterteilung wird es ermöglicht den Markteintritt eines Konkurrenten genauer zu untersuchen. Der Markteintritt eines Konkurrenten wurde zwar schon untersucht, allerdings wurde dabei der Zeitpunkt des Markteintritts vorgegeben und als bekannt vorausgesetzt. Diese Annahme entspricht allerdings nicht der Realität und sollte daher näher untersucht werden (vgl. u.a. Krishnan/Bass/Kumar 2000, S. 272ff.; Eliashberg/Jeuland 1986, S. 22 ff.).

Vor allem mit dem Hintergrund, das der Markteintritt eines Konkurrenten den Zeitraum bestimmt in dem ein Unternehmen, aufgrund einer Monopolstellung, zusätzliche Gewinne erwirtschaften kann. Dieser Zeitpunkt hat somit einen enormen Einfluss auf die Rentabilität eines Unternehmens, was die Notwendigkeit einer näheren Untersuchung nochmals deutlich macht (vgl. Homburg/Krohmer 2009, S. 216 ff.). Zum Zweck der genaueren Untersuchung unterteilt das Modell deshalb das Konkurrenzverhaltens in die Unterpunkte Konkurrenzeintrittsgeschwindigkeit und Konkurrenzeintrittswahrscheinlichkeit auf. Werden diese beiden Unterpunkte zusammen betrachtet, wird eine Schätzung des Zeitpunkts eines Konkurrenzeintritts möglich. Damit liefert das Modell einen differenzierteren Einblick in das Konkurrenzverhalten, als es die bisherige Pricing- und Innovationsliteratur für sich betrachtet ermöglichten.

Auf der Nachfrageseite werden zudem Phänomene der immer wichtiger werdenden Behavioral-Pricing-Forschung betrachtet, welche erst vereinzelt in das Pricing von neuen Produkten eingegangen sind (vgl. Homburg/Koschate 2005, S.383 ff.). Hierbei ist besonders ein Punkt zu nennen, da dieser erst in einem Artikel behandelt wurde: Die Veränderbarkeit der Zahlungsbereitschaft von Kunden im Falle von neuen Produkten. Die Zahlungsbereitschaft von Kunden wurde im Allgemeinen als fix angesehen. Dies ist allerdings bei neuen Produkten bzw. Innovationen nicht der Fall. Durch die Annahme, dass die Zahlungsbereitschaft eines Kunden verändert werden kann, ergeben sich völlig neue Implikationen für das Pricing (vgl. Park/MacLachlan/Love 2011, S. 3 ff.). Diese Implikationen werden zum Innovationsgrad und Diffusionsprozess in Beziehung gesetzt, was noch in keiner anderen Arbeit geleistet wurde.

1.3 Ziele der Arbeit

Das Preismanagement von Innovationen stellt Unternehmen vor erhebliche Herausforderungen, was die häufigen Preisanpassungen in den ersten Wochen nach Neuprodukteinführungen belegen. Die anfängliche Preissetzung hat weitreichende Folgen für ein neues Produkt. Sie beeinflusst die Adaption durch die Kunden, damit die Diffusion innerhalb der Gesellschaft und letztendlich den Markterfolg der Innovation (vgl. Hultink et al. 1998, S. 278 ff.). Außerdem hat die Preissetzung entscheidenden Einfluss auf das Konkurrenzverhalten, sie kann Konkurrenten davon abhalten oder sie ermutigen in einen Markt einzutreten, des Weiteren können Preiskriege ausgelöst werden, die die Margen aller Beteiligten deutlich schmälern (vgl. Redmond 1989, S. 100 ff.).

Das Ziel dieser Arbeit ist es, ein Modell zu entwickeln, mit dessen Hilfe man die optimale Preisstrategie für unterschiedliche Innovationsgrade bestimmen kann. Dazu werden neue Produkte zunächst anhand ihres Innovationsgrades eingeordnet. Der Innovationsgrad wird dabei in eine Markt- und eine Technologiedimension unterteilt, die angeben, ob ein Produkt neu in Bezug auf diese Dimensionen ist. Eine Innovation kann also auf eine neue Technologie und/oder einen neuen Markt zurückgeführt werden (vgl. Garcia/Calantone 2002, S. 118 ff.). Je nachdem, welche Dimensionen neu für das Produkt sind, hat dies andere Konsequenzen bezüglich des Konkurrenz- und Nachfrageverhaltens. Das Modell wird dann auf Basis der Markt- und Technologiedimension eine Fallunterscheidung treffen und die daraus resultierenden Auswirkungen für das Konkurrenz- und Nachfrageverhalten darstellen. Aufgrund dieses Verhaltens wird dann die optimale Preisstrategie für unterschiedliche Innovationsgrade ausgewählt.

Diese Bachelorthesis ermöglicht es, einen Überblick über die Rahmenbedingungen des Preismanagements zu geben und die Konsequenzen verschiedener Preisstrategien aufzeigen. Die Arbeit soll dabei speziell neue Einblicke in den Zeitpunkt des Markteintritts von Konkurrenz ermöglichen, was durch die Unterteilung des Konkurrenzverhaltens in die Eintrittswahrscheinlichkeit und die Eintrittsgeschwindigkeit erreicht wird. Dieser Zeitpunkt ist für Unternehmen wichtig, da er den Zeitraum bestimmt, in dem Unternehmen Monopolgewinne erzielen können (vgl. Homburg/Krohmer 2009, S. 216 ff.). Für die Wissenschaft ist der Punkt interessant, da er bisher als gegeben angenommen und nicht näher bestimmt wurde (vgl. u.a. Krishnan/Bass/Kumar 2000, S. 272ff.; Eliashberg/Jeuland 1986, S. 22 ff.).

Ein weiteres Ziel der Arbeit ist es, in die Pricing-Entscheidungen die Annahme mit einfließen zu lassen, dass die Zahlungsbereitschaft der Käufer von neuen Produkten nicht fix ist. Diese Annahme ist neu in der Pricing-Literatur und daher noch nicht näher untersucht. Sie hat aber großen Einfluss auf die Gewinne eines Unternehmens, da sie die maximale Höhe des Preises verändert (vgl. Park/MacLachlan/Love 2011, S. 3 ff.).

Um diese Ziele zu erreichen beschäftigt sich die Arbeit mit folgenden Fragen:

> Welche Preisstrategien werden bei Innovationen eingesetzt und wie erfolgreich sind die jeweiligen Strategien?

Um zu erklären, wieso diese Strategien erfolgreich sind, werden die klassische Preistheorie sowie das Behavioral-Pricing und die Diffusionstheorie von Bass erläutert. Auf dieser Grundlage wird dann die Frage beantwortet:

> Welche Preismechanismen dienen zur theoretischen Erklärung dieser Zusammenhänge?

Mit Hilfe des Modells werden im Anschluss die Erfolgsfaktoren des Preismanagements herausgearbeitet, um die Frage beantworten zu können:

> Welche Stellschrauben des Preismanagements haben sich als besonders erfolgsversprechend bei hoch innovativen Produkten erwiesen?

Die Antwort auf diese letzte Frage wird im Kapitel „Implikationen für die Unternehmenspraxis" erfolgen.

1.4 Aufbau der Arbeit

Die vorliegende Arbeit ist so gegliedert, dass zunächst die Relevanz für die Unternehmenspraxis erläutert wird. In diesem Abschnitt wird aufgezeigt, dass diese Arbeit einen Beitrag leistet, die Innovationsfehlerrate von Unternehmen zu reduzieren und deren Gewinn durch effizientere Gestaltung des Pricing-Prozesses zu erhöhen.

Im nächsten Punkt der Arbeit wird die Relevanz für die Wissenschaft aufgezeigt, die unter anderem in dem Zusammenführen verschiedener Literaturströme innerhalb der Pricing-Forschung besteht, sowie in der Entwicklung eines Modells, mit Hilfe dessen die Einflüsse des Innovationsgrades eines Produkts auf dessen Preisstrategie darstellt werden. Daraufhin werden die Ziele der Arbeit aufgeführt. Die unter anderem in der Entwicklung eines umfassenden Modells liegen, das es ermöglicht die Auswirkungen des Innovationsgrads auf die Preisstrategie abzubilden. Anschließend wird der Aufbau der Arbeit erläutert, um dem Leser einen Überblick über sie zu vermitteln.

Das zweite Kapitel wird sich mit den definitorischen Grundlagen befassen, so können Unklarheiten beseitigt und eine Basis für das Lesen der Arbeit geschaffen werden. Dabei wird auf die Begriffe Preismanagement bzw. Pricing-Prozess, Preisstrategie, Innovation und Innovationsgrad eingegangen. Bei dem Unterpunkt Preisstrategien werden außerdem die für die Arbeit relevanten Strategien aufgezählt und erklärt. Das dritte Kapitel wird einen Literaturüberblick geben und wird sich dabei auf Literatur beschränken, die sich mit dem Pricing von neuen Produkten bzw. Innovationen befasst.

Nachdem die definitorischen Grundlagen und der Literaturüberblick abgehandelt wurden, werden im vierten Kapitel drei Theorien erläutert, auf denen die Bachelorarbeit fußt: Die erste der drei Theorien, die behandel werden, ist die klassische Preistheorie. Sie gibt auf Basis einiger vereinfachter Annahmen die Zusammenhänge zwischen Preis, Angebot, sowie Nachfrage wieder und beschreibt verschiedene Marktformen. Die zweite Theorie ist das Behavioral-Pricing. Es lockert einige, der in der klassischen Preistheorie getroffenen, Annahmen und erklärt das Nachfrage- bzw. Kundenverhalten aufgrund verschiedener psychologischer Phänomene. Diese Phänomene wurden in Anlehnung an den kognitiven Informationsverarbeitungsprozess in drei Phasen aufgeteilt, zu denen die unterschiedlichen psychologischen Konzepte zugeordnet wurden(vgl. Homburg/Koschate 2005, S.383 ff.). Die klassische Preistheorie und das Behavioral-Pricing bilden dabei die Grundlagen auf Seiten des Preismanagements. Auf Seiten des Innovationsmanagements steht als dritte theoretische Grundlage die Diffusionstheorie. Diese beschreibt, wie sich neue Produkte bzw. Innovationen innerhalb eines Marktes verbreiten. Die Basis für diese Theorie bildet das Bass-Modell aus dem Jahr 2004, das die Diffusion über sogenannte Innovatoren und Imitatoren beschreibt. Darüber hinaus werden noch einige Erweiterungen der Arbeit von Bass vorgestellt, die für die Modellierung des späteren Modells relevant sind.

Das fünfte Kapitel wird den Hauptteil der Bachelorarbeit darstellen. In diesem wird das schon erwähnte Modell zunächst entwickelt. Dann wird die Arbeit näher auf die Einflüsse und Beziehungen der einzelnen Bestandteile untereinander eingehen. Darauf basierend werden anschließend Hypothesen abgeleitet, die die einzelnen Verbindungen charakterisieren sollen. Danach wird anhand des Modells und der einzelnen Hypothesen eine Entscheidungshilfe für die Wahl der Preisstrategie geliefert. Diese gibt beruhend auf dem jeweiligen Innovationsgrad Handlungsempfehlungen bezüglich der Preisstrategie.

Zum Schluss werden im sechsten Kapitel Implikationen für Wissenschaft und Praxis erläutert. Im Anschluss daran wird die Arbeit nochmal zusammengefasst und es werden zwei Limitationen des Modells erläutert.

2 Definitorische Grundlagen

2.1 Preismanagement/Pricing-Prozess

Der Preis allgemein gibt zunächst einmal an, wie viele Geldeinheiten man für den Erwerb eines Produktes aufwenden muss (vgl. Homburg/Koschate 2005a, S.384). Unter dem Preismanagement bzw. der Preispolitik versteht man die Herleitung, Entscheidung, Durchsetzung und Kontrolle dieses Preises (vgl. Diller 1997, S.57). Das Preismanagement beinhaltet also alle Entscheidungen, die sich auf das vom Kunden zu entrichtende Entgelt beziehen (vgl. Homburg/Krohmer 2009, S. 641). Das Preismanagement kann dabei als Prozess aufgefasst werden, bei dem mehrere Phasen nacheinander durchlaufen werden. Diese Phasen sind die Zieldefinition, die Analyse der Ist-Situation, die Bestimmung des optimalen Preises, die Durchsetzung dieses Preises und die Kontrolle des Preises (vgl. Simon 2004, S. 8 ff.).

2.2 Preisstrategien

Eine Preisstrategie ist definiert als die Möglichkeit, mit der ein Preisziel erreicht werden kann. Die meisten Preisstrategien besitzen dabei ein relatives Preisniveau und einen Ablaufplan, die beide mit der Kosten-, Kunden- oder Konkurrenzsituation des Unternehmens verknüpft sind (vgl. Noble/Gruca 1999, S. 436). Die Preisstrategie eines Unternehmens muss sich also dessen Marktsituation anpassen, um erfolgreich zu sein (vgl. Ingenbleek et al. 2003, S. 289 ff.).

Da sich diese Arbeit mit dem Preismanagement von Innovationen beschäftigt, werden entsprechend auch nur für sie relevante Preisstrategien behandelt. Innovationen sind neu entwickelte Produkte, die in den Markt eingeführt werden. Für sie sind vor allem solche Preisstrategien von Bedeutung, die sich mit der Einführung von neuen Produkten beschäftigen. Dean (1950) befasste sich als erster mit dem Thema der Preisstrategie von Produktneueinführungen. Er stellte zwei mögliche Strategien vor: Zum einen das Price Skimming und das Penetration Pricing (vgl. Dean 1950, S. 147 ff.). Im Laufe der Zeit kam noch das Experince Curve Pricing hinzu (vgl. Noble/Gruca1999, S. 438 ff.). Da diese drei

9

Preisstrategien die größte Relevanz für das Thema aufweisen, wird sich diese Arbeit auf diese drei Möglichkeiten beschränken.

2.2.1 Price Skimming

Price Skimming ist im Allgemeinen gekennzeichnet durch einen hohen Anfangspreis, der mit dem Zeitverlauf kontinuierlich gesenkt wird (vgl. u.a. Dean 1950, S. 147; Noble/Gruca 1999, S. 438 ff.). Produkte, die sich von den Produkten anderer Hersteller abheben, sind besonders geeignet für diese Strategie. Meistens geht sie einher mit einem hohen Werbeaufwand in der Anfangszeit (vgl. u.a. Dean 1950, S. 147). Eine hohe Produktdifferentiation begünstigt daher eine Skimmingstrategie. Eine Skimmingstrategie zielt darauf ab, verschiedene Zahlungsbereitschaften auszunutzen. Unter Zahlungsbereitschaft ist der Preis zu verstehen, den ein Kunde für ein bestimmtes Produkt ausgeben will und entsprechend von Kunde zu Kunde unterschiedlich (vgl. Park/MacLachlan/Love 2011, S. 4 ff.). Insbesondere die Zahlungsbereitschaft von Preis insensitiven Kunden soll durch diese Strategie abgeschöpft werden. Weil sich die Kunden am Anfang eines Produktlebenszyklus noch nicht im klaren über den Wert eines Produkts sind, kann es ihnen in dieser Zeit mit einem erhöhten Werbeaufwand teurer als in späteren Phasen des Produktlebenszyklus verkauft werden (vgl. u.a. Dean 1950, S. 147; Noble/Gruca 1999, S. 438ff;). Price Skimming ist risikobegrenzend, da Investitionskosten schneller als bei einer Penetrationsstrategie amortisiert werden können. Neue Technologien können auf diese Weise finanziert werden (vgl. u.a. Dean 1950, S. 147; Noble/Gruca 1999, S. 438ff; Liu 2010, S. 429). Bei der Skimmingstrategie ist der Eintritt von Konkurrenten ein Schlüsselfaktor, denn er bestimmt den Zeitraum, in dem aufgrund einer temporären Monopolstellung Vorteile aus dem Price Skimming gezogen werden können. Sobald Konkurrenz den Markt betritt, befindet sich das innovierende Unternehmen nicht mehr in einer Monopolsituation und als Konsequenz müssen die Produktpreise gesenkt werden (vgl. Eliashberg/Jeuland 1986, S. 20 ff.). Bei der Price Skimmingstrategie ist also die anfänglich erzielbare Marge gegen niedrigere Verkaufszahlen und die erhöhte Nachfrage von Konkurrenzeintritten abzuwägen (vgl. Noble/Gruca 1999, S. 439). Im späteren Verlauf der Arbeit wird noch die Auswirkung des Innovationsgrades auf die Skimmingstrategie erläutert.

2.2.2 Penetration Pricing

Beim Penetration Pricing wird der Einstiegspreis relativ niedrig angesetzt, um das Produkt möglichst schnell zu verbreiten und sich damit einen hohen Marktanteil zu sichern. Die Preisentwicklung ist bei der Penetrationsstrategie nicht festgelegt. Der Preis kann im

Zeitverlauf steigen, fallen oder gleich bleiben. Ein Produkt diffundiert über die Penetrationsstrategie schneller in den Markt als über eine Skimmingstrategie (vgl. Dean 1950, S. 148). Anders ausgedrückt steigert die Penetrationsstrategie die Adaption durch Kunden. Ein Produkt kann somit als Standard in einem Markt etabliert werden. Dies geht allerdings auf Kosten der anfänglichen Profitabilität. Sie eignet sich außerdem wenn eine niedrige Produktdifferenzierung vorliegt (vgl. u.a. Liu 2010, S. 429; Noble/Gruca 1999, S. 439 ff.). Dieser Umstand hat aber auch einen Vorteil, denn durch die anfangs geringen Margen entstehen Eintrittsbarrieren, die potentielle Konkurrenten davon abhalten, in den Markt einzutreten. Entsprechend bietet sich eine Penetrationsstrategie bei hoher Gefahr eines Konkurrenzeintritts an (vgl. Dean 1950, S. 148). Weil sich große Absatzmengen erzielen lassen, bietet sich eine Penetrationsstrategie insbesondere dann an, wenn das Unternehmen positive Skaleneffekte hat. Skaleneffekten meint dass mit zunehmender Absatzmenge die Durchschnittskosten pro Produkteinheit sinken (vgl. Tellis 1986, S. 151). Ein Faktor, der die Penetrationsstrategie ebenfalls begünstigt, sind Preis sensitive Konsumenten. Preissensitive Kunden besitzen im Allgemeinen eine niedrige Zahlungsbereitschaft und werden durch die hohen Einführungspreise einer Skimmingstrategie abgeschreckt. Die Penetrationsstrategie erlaubt also, eine größere Kundengruppe anzusprechen (vgl. Tellis 1986, S. 151).

2.2.3 Experience Curve Pricing

Das Experience Curve Pricing ist der Penetrationsstrategie sehr ähnlich. Es weist den gleichen Preisverlauf auf und besitzt dieselben Vor- und Nachteile wie das Penetrationpricing. Der einzige Unterschied zwischen beiden liegt in der Ursache der Kostenreduktion. Beim Experience Curve Pricing ist die Kostenreduktion auf die kummulierte Erfahrung sowie die damit errungenen Lerneffekte zurückzuführen und nicht, wie beim Penetration Pricing, auf der Verteilung der Fixkosten auf mehrere Produkte. (vgl. Noble/Gruca 1999, S. 438; Tellis 1986, S. 152).

2.3 Innovation

Innovation kann als Prozess definiert werden, bei dem ein neuer Gedanke, ein neues Verhalten oder ein neuer Gegenstand erdacht und verwirklicht wird (vgl. Robertson 1967, S.19). Hauser/Tellis/Griffin (2006, S. 687) verstehen unter Innovation: „the process of bringing new products and services to market".

Eine Innovation ist ähnlich einer Erfindung der Unterschied zwischen beiden liegt in der Einführung in den Markt. Aus einer Erfindung wird in dem Moment eine Innovation, in dem eine Diffusion in den Markt stattfindet. Dazu muss die Erfindung zunächst produziert, beworben und vertrieben werden, um auf diese Weise etwas zur Kostendeckung des Unternehmens beitragen zu können (vgl. Garcia/Calantone 2002, S. 112). In anderen Worten ist eine Innovation eine Erfindung, die auf den Markt gebracht wird, um Umsatz zu generieren.

Diese Bachelorarbeit beschäftigt sich nicht mit Innovation im Sinne eines Prozesses, sondern mit Innovation in Form eines neuen Produkts. Im Bezug auf diese Arbeit ist eine Innovation als ein Produkt definiert, welches neu ist. Für wen und auf welche Art und Weise eine Innovation neu ist, bestimmt der Innovationsgrad bzw. die Innovativität des Produkts. Diese beiden Begriffe werden in der Arbeit synonym verwendet und im Anschluss erläutert.

2.4 Innovationsgrad/Innovativität

Zur Abgrenzung und Unterteilung von Innovationen dient der Innovationsgrad bzw. die Innovativität einer Innovation. Der Innovationsgrad wird als Maßstab für die Neuheit eines Produktes verwendet (vgl. Garcia/Calantone 2002, S. 112), wobei unter Neuheit das Maß der Vertrautheit mit dem Produkt sowie mit dessen Technologie und dessen Zielmarkt verstanden wird (vgl. Song/ Montoya-Weiss 1998, S.126). Die Kriterien dieses Maßstabs sind in der Literatur allerdings nicht klar definiert(vgl. Garcia/Calantone 2002, S.110). In dieser Bachelorarbeit wird die Kategorisierung von Garcia/Calantone aus dem Jahr 2002 verwendet, da diese in ihrem Übersichtsartikel verschiedene Konzepte des Innovationsgrades auf einen gemeinsamen Nenner gebracht haben.

Innovations-grad	Mikro-perspektive	Makro-perspektive
Markt-dimension	Neuer Markt für das Unternehmen	Neuer Markt für die Wirtschaft
Technologie-dimension	Neue Technologie für das Unternehmen	Neue Technologie für die Wirtschaft

Abbildung 1   Eigene Darstellung
Der Innovationsgrad

Nach deren Konzept kann man den Innovationsgrad zum einen in eine Mikro- und Makroperspektive sowie zum anderen in eine Technologie- und Marktdimension unterteilen, wie durch Abbildung 1: „Der Innovationsgrad" deutlich wird (vgl. Garcia/Calantone 2002, S. 118 ff.). Die Makroperspektive gibt an, ob eine Innovation eine Welt-, Markt- oder Branchenneuheit darstellt (vgl. Mishra/Kim/Lee 1996, S. 531 ff.). Ob eine Innovation aus der Makroperspektive gesehen neu ist, hängt nicht vom Unternehmen ab, sondern von exogen gegebenen Faktoren, wie zum Beispiel der welt- oder branchenweiten Vertrautheit mit dem Produkt (vgl. Garcia/Calatone 2002, S. 118 ff.). Die Mikroperspektive gibt an, ob eine Innovation neu für ein Unternehmen oder dessen Kunden ist (vgl. More 1982, S.10 ff.). Die Neuerungen können dabei im Marketing, der Research & Development Strategie, der Supply Chain oder den Distributionskanälen des Unternehmens auftreten. Damit ist der Innovationsgrad aus Sicht der Mikroperspektive abhängig von den Kompetenzen und Möglichkeiten des Unternehmens. Durch die Unterscheidung zwischen einer Mikro- und Makroperspektive wird es erst ermöglicht zu identifizieren, für wen eine Innovation neu ist (vgl. Garcia/Calatone 2002, S.118 ff.).

Neben der Makro- und Mikroperspektive kann auch zwischen einer Markt- und einer Technologiedimension unterschieden werden. Diese zwei Dimensionen geben an, auf welche Art und Weise Innovationen Unstetigkeiten verursachen. Zum einen können Innovationen neue Märkte eröffnen bzw. komplett neu erschaffen, was gleichbedeutend mit einer Diskontinuität der Marktdimension wäre. Zum anderen können Innovationen neue oder fortschrittlichere Technologien hervorbringen, deren Auswirkung eine Unstetigkeit der Technologiedimension nach sich zieht. Einige Innovationen können sogar Veränderungen beider Dimensionen verursachen (vgl. Garcia/Calatone 2002, S.118 ff.).

Basierend auf der Makro- und Mikroperspektive sowie der Markt- und Technologiedimension lässt sich eine 2x2-Matrix erstellen. Davon ausgehend, dass eine Neuerung aus Sicht der Makroperspektive automatisch eine Neuerung aus Sicht der Mikroperspektive darstellt, ergeben sich acht mögliche Ausprägungen der Matrix. Anhand dieser Ausprägungen, die den Innovationsgrad in dieser Bachelorarbeit definieren, lassen sich Innovationen in folgende Gruppen einteilen: Radikal, wirklich neu und inkrementell (vgl. Garcia/Calatone 2002, S. 119 ff.).

Wie man aus Abbildung 2: „Mögliche Ausprägungen des Innovationsgrads" ableiten kann, verursachen radikale Innovationen Unstetigkeiten in der Markt- und Technologiedimension, sowohl aus der Makro- wie auch der Mikroperspektive. Radikale Innovationen treten am seltesten auf und machen daher nur circa 10% aller Innovationen aus. Beispiele für radikale Innovationen sind die Dampfmaschine und das Internet, da diese durch eine völlig neue Technologie weltweit neue Märkte eröffnet haben (vgl. Garcia/Calatone 2002, S. 120 ff.).

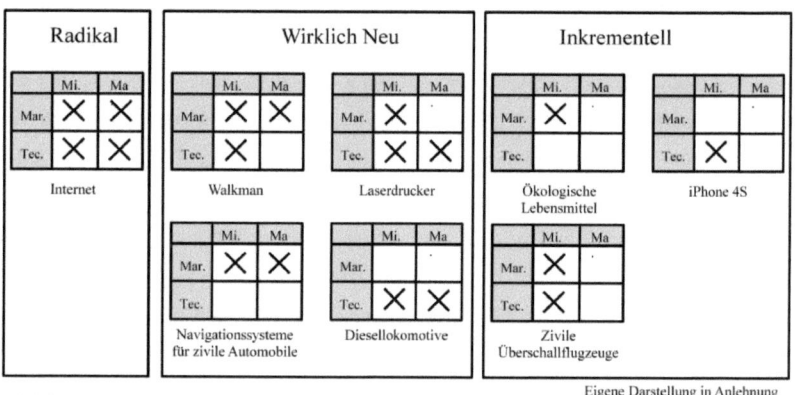

Abbildung 2: Mögliche Ausprägungen des Innovationsgrads

Eigene Darstellung in Anlehnung an Garcia/Calatone 2001, S. 121

Einen größeren Prozentsatz machen die "wirklich neuen" Innovationen aus. Diese erzeugen aus Makroperspektive entweder in der Markt- oder Technologiedimension Diskontinuitäten. Alle dabei möglichen Ausprägungen kann man der Abbildung 2 entnehmen. Beispielsweise war eine Diesellokomotive eine völlig neue Technologie, bediente aber einen bereits vorhandenen Markt. Navigationssysteme wurden zunächst für das Militär entwickelt. Als sie für Zivilfahrzeuge zugänglich gemacht wurden, entstand damit ein vollkommen neuer Markt. Die notwendige Technologie für diesen Markt war allerdings schon entwickelt. "Wirklich neue" Innovationen machen circa 50% aller Innovationen aus (vgl. Garcia/Calatone 2002, S. 120 ff.).

Die letzte Gruppe sind die inkrementellen Innovationen, die nur aus der Mikroperspektive für Diskontinuitäten sorgen und entstehen, wenn ein Unternehmen eine für das Unternehmen neue Technologie entwickelt oder einen neuen Markt erschließt. Die Mikroperspektive impliziert dabei, dass andere Unternehmen diesen Markt schon erschlossen oder bereits eine Technologie dafür entwickelt haben. Inkrementelle Innovationen machen die restlichen 40% der Innovationen aus (vgl. Garcia/Calatone 2002, S. 120 ff.). Die verschiedenen Ausprägungen des Innovationsgrades zu unterscheiden, ist wichtig, da sich diese auf das

Preismanagement auswirken, wie zu einem späteren Zeitpunkt in der Arbeit noch verdeutlicht wird.

In der Arbeit wird an einigen Stellen von "Marktinnovationen", "Technologieinnovationen" bzw. technischen Innovationen die Rede sein. Damit sind Innovationen gemeint, die aufgrund der Markt- bzw. Technologiedimension als neu eingestuft werden.

3. Literaturüberblick

3.1 Konzeptionelle Arbeiten

Als einer der Ersten beschäftigte sich Joel Dean (1950) mit dem Pricing von neuen Produkten. Er stellte dabei die Skimming- und Penetrationsstrategie vor (vgl. Dean 1950, S.141 ff.), die noch heute verwendet werden, um Preise für neue Produkte zu bestimmen. Die Skimmingstrategie sieht einen hohen Markteinführungspreis vor, der im Zeitverlauf gesenkt wird. Bei der Penetrationsstrategie wird der Markteinführungspreis niedrig angesetzt, um einen möglichst großen Absatz zu erzielen. Eine des Penetration Pricing ähnliche Strategie ist das Experience-Curve-Pricing. Der Unterschied zwischen beiden besteht darin, dass das Kostensenkungspotential beim Penetration Pricing auf sinkenden Durchschnittskosten beruht, während beim Experience-Curve-Pricing die Kosten durch Lerneffekte sinken. Der Preisverlauf ist bei beiden Strategien allerdings sehr ähnlich (vgl. u.a. Tellis 1986, S. 151 ff.). Es ergeben sich daher drei grundlegende Strategien, die für das Pricing von Innovationen bzw. neuer Produkte geeignet sind: Die Skimmingstrategie, die Penetrationsstrategie und das Experience-Curve-Pricing (vgl. Noble/Gruca 1999, S. 439 ff.).

3.2 Arbeiten auf Grundlage des Bassmodells (2004)

Eine neue Forschungsrichtung innerhalb des Pricings von Innovationen initiierten Robinson und Lakhani (1975), als sie das Bassmodell (2004) benutzten, um die optimale Preispolitik zu bestimmen. Dazu wurden auf Basis des Bassmodells verschiedene mathematische Modelle entwickelt, die es ermöglichen, den optimalen Preisverlauf für unterschiedliche Variablen zu bestimmen (vgl. Krishnan/Bass/Jain 1999, S. 1650). Das Bassmodell beschreibt die Diffusion einer Innovation innerhalb der Gesellschaft und stellt damit die Nachfrage eines Produkts dar. Hierbei unterscheidet es zwei Gruppen: Die Innovatoren und die Imitatoren (vgl. Bass 2004, S. 1825 ff.). Dieses Modell wurde im Laufe der Zeit immer wieder mit weiteren Variablen erweitert. So wurde unter anderem der Preis, der Produktvorteil, das Budget der Kunden sowie Werbeeffekte in das Modell integriert (vgl. u.a. Horsky 1990, S. 342ff.; Kalish 1985, S. 1569 ff.).

Zunächst wurde die optimale Preisstrategie nur für den Monopolfall untersucht (vgl. u.a. Kalish 1983, S. 135 ff.). Erst später wurde sie auch für Duopole bzw. Oligopole analysiert (vgl. Dockner/Jorgensen 1988, S. 315). Diese Arbeiten hatten allerdings gemein, dass sich die Marktform während der Untersuchung nicht verändert hat. Da dies aber im Laufe des Produktlebenszyklus durchaus der Fall sein kann, beschäftigten sich nachfolgende Arbeiten mit dem Markteintritt von Konkurrenz und dessen Auswirkungen auf die optimale Preisstrategie. Bei diesen Arbeiten wurde allerdings vorausgesetzt, dass der Zeitpunkt des Markteintritts bekannt ist. Gleichzeitig wurde jedoch auch festgestellt, dass dies in der Realität nicht der Fall ist und näherer Untersuchung bedarf (vgl. Eliashberg/Jeuland 1986, S. 20ff.; Krishnan/Bass/Kumar 2000, S.269 ff.). Dieser Punkt wird in der vorliegenden Bachelorthesis aufgegriffen und behandelt.

Ein neuer Artikel auf dem Gebiet stellt die bisher getroffene Annahme in Frage, dass die Zahlungsbereitschaft der Kunden für neue Produkte fix bzw. unveränderbar ist. Die Arbeit postuliert, dass Zahlungsbereitschaft für neue Produkte veränderbar ist und begründet dies mit einem unsicheren Ankerpreis seitens der Kunden (vgl. Park/MacLachlan/Love 2011, S. 2 ff.).

4. Theoretische Grundlagen

4.1. Klassische Preistheorie

Die theoretische Grundlage der Preispolitik basiert auf zwei verschiedenen Perspektiven – zum einen die klassische Preistheorie und zum anderen die verhaltenswissenschaftliche Perspektive oder auch Behavioral-Pricing. Das Kapitel 4.1 wird sich zunächst mit der klassischen Preistheorie befassen. Anschließend wird in Kapitel 4.2 auf das Behavioral-Pricing eingegangen. Die Konzepte der klassischen Preistheorie haben ihren Ursprung in der Mikroökonomie. Der Preis wird hierbei als objektive Größe aufgefasst und mithilfe quantitativer Modelle auf dessen Auswirkungen hin untersucht (vgl. Homburg/Krohmer 2009, S. 650).

Die klassische Preistheorie klärt die Frage, wie Preise Kunden beeinflussen. Die klassische Preistheorie trifft hierbei die Annahme, dass Kunden rational handeln und sie über vollkommene Informationen von Preisen und ihren Präferenzen verfügen. Aufgrund dieser Basis versuchen die Kunden dann mit Hilfe eines begrenzten Budgets ihren Nutzen zu maximieren. Der Preis gibt den Geldbetrag an, der für den Erwerb eines Produktes aufgewendet werden muss. Ein Kunde erwirbt solange weitere Einheiten eines Produktes, bis der Grenznutzen des Produkts gleich dem Preis einer zusätzlichen Einheit des Produkts ist (vgl. Homburg/Koschate 2005, S. 384).

4.1.1 Marktformen

Der Gestaltungsspielraum der Preispolitik wird in hohem Maße von der jeweiligen Form des Marktes bestimmt. Dabei stellt ein Markt den ökonomischen Ort des Austausches von Produkten dar. Die Form dieses Marktes müssen von den Unternehmen bei preispolitischen Entscheidungen berücksichtigt werden. Die Kriterien nach denen die Marktformen eingeteilt werden sind unterschiedlich (vgl. Homburg/Krohmer 2009, S. 650).

Homburg und Krohmer (2009) unterteilen die Form eines Marktes anhand der Anzahl der Anbieter und der Art der Produkte. Durch diese Unterteilung entsteht folgende Matrix, die in Abbildung 3 dargestellt ist:

Anbieter / Produkte	Viele kleine	Wenige mittelgroße	Ein großer
Homogen	Vollkommener Wettbewerb	Reines Oligopol	Reines Monopol
Heterogen	Monopolistischer Wettbewerb	Differenziertes Oligopol	Reines Monopol

Abbildung 3: Einteilung der Marktformen für Anbieter und Produktart in Anlehnung an Homburg/Krohmer 2009, S. 217

Die Einteilung nach der Anzahl erfolgt nach einem Anbieter, einigen und vielen Anbietern. Bei der Art der Produkte wird zwischen homogenen und heterogenen Produkten unterschieden. Homogene Produkte sind beliebig austauschbar, sie unterscheiden sich nicht von Anbieter zu Anbieter. Ein Bespiel für ein homogenes Produkt ist Strom. Heterogene Produkte lassen sich dagegen voneinander differenzieren, wie zum Beispiel verschiedene Automobile. Aufgrund von heterogenen Produkten kann es im Falle vieler Anbieter zu einem sogenannten monopolistischen Wettbewerb kommen. Dieser führt aufgrund differenzierbarer Produkte dazu, dass ein Anbieter in einem Teil des Marktes als Monopolist auftritt und so höhere Gewinne erzielen kann (vgl. Homburg/Krohmer 2009, S. 650 ff.). Im Falle dieser

Bachelorarbeit wird diese Matrix zugrundegelegt, da diese, aufgrund der Unterscheidung nach Produktarten gut zum später entwickelten Modell passt.

4.1.2 Die Preis-Absatz-Funktion und Preiselastizitäten

Das grundlegende Konzept der klassischen Preistheorie bildet die Preisabsatzfunktion. Mit ihr werden die preispolitischen Entscheidungen behandelt. Sie beschreibt die Abhängigkeit des Absatzes vom Preis. Eine zentrale Annahme der klassischen Preistheorie ist, dass primär der Preis die Nachfrage und somit den Absatz eines Produkts bestimmt. Für eine Gewinnmaximierung aufgrund dieser Annahme benötigt ein Unternehmen zum einen die Preis-Absatz-Funktion und zum anderen die Kostenfunktion. Die Kenntnis, welche Menge eines Produktes zu welchem Preis von den Kunden gekauft würden, ist besonders wichtig bei der Preisbestimmung neuer Produkte. Preis-Absatz-Funktionen bilden normalerweise die Nachfrage eines gesamten Marktes oder eines einzelnen Kundensegmentes ab. Diese Preis-Absatz-Funktionen bilden sich aus der Aggregation individueller Preis-Absatz-Funktionen und sind immer fallend(vgl. Simon 1992, S. 90 ff.; Homburg/Krohmer 2009, S. 651 ff.).

Dabei kann man grob zwei Fälle unterscheiden: Den Ja/Nein-Fall und den Variable-Mengen-Fall. Im Ja/Nein-Fall erwirbt der Kunde das Produkt, solange es nicht einen bestimmten Schwellenpreis überschreitet. Beim Variable-Menge-Fall geht man davon aus, dass ein Kunde nicht nur ein Exemplar des Produkts kauft. Er kauft eine gewisse Menge, die vom Preis abhängig ist (vgl. Simon 1992, S. 90 ff.; Homburg/Krohmer 2009, S. 652).

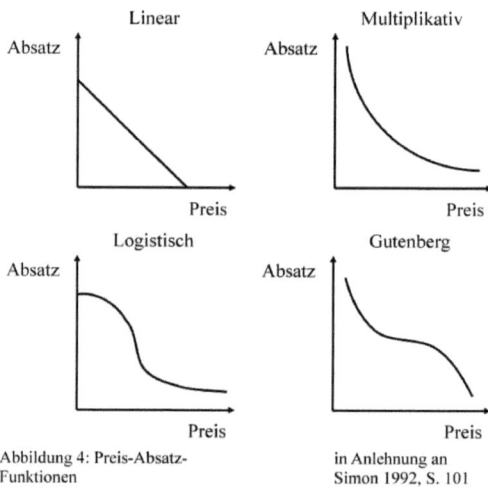

Abbildung 4: Preis-Absatz-Funktionen

in Anlehnung an Simon 1992, S. 101

Preis-Absatz-Funktionen können unterschiedliche Funktionsverläufe haben. Es gibt vier grundlegende Formen, die verbreitet sind. Die lineare, multiplikative und logistische Preis-Absatz-Funktion sowie das Gutenberg-Modell (vgl. Simon 1992, S. 100 ff.; Homburg/Krohmer 2009, S. 653 ff.). Diese sind zusammen in Abbildung 4 dargestellt.

Die vier gezeigten Preis-Absatz-Funktionen haben statischen Charakter, sie bilden also nur den Einfluss des Preises auf den Absatz der gleichen Periode ab. In der Unternehmenspraxis spielen darüber hinaus auch periodenübergreifende Wirkungen des Preises eine wichtige Rolle bei der Preisentscheidung. Beispielhaft kann hier die Entscheidung zwischen einer Skimming- und Penetrationsstrategie genannt werden, die relevant für das spätere Modell sein werden. Die Berücksichtigung solcher dynamischer Aspekte bezüglich Preis-Absatz-Funktionen führt zu realitätsnäheren allerdings auch komplexeren Modellen (vgl. Homburg/Krohmer 2009, S. 663).

Die verschiedenen Preis-Absatzfunktionen lassen sich durch die Preiselastizität der Nachfrage (ε) charakterisieren. Diese gibt an, wie sich die Nachfrage eines Produktes ändert, wenn dessen Preis gesenkt oder erhöht wird. Sie misst also die Reaktion der Nachfrage auf Preisänderungen (vgl. Simon 1992, S. 93; Homburg/Krohmer 2009, S. 658 ff.).Dabei ist die Preiselastizität der Nachfrage in der Regel negativ, da eine Erhöhung des Preises zu einer Verringerung der Nachfrage führt. Die Preiselastizität der Nachfrage ist für ein Unternehmen von Bedeutung, weil sie bestimmt, ob eine Preiserhöhung zu Umsatzsteigerungen oder - rückgang führt, da der Umsatz Preis mal Menge ist. In dem Falls, dass ε zwischen minus eins und null liegt ($-1 < \varepsilon < 0$), also bei preisunelastischem Absatz, führt eine Preiserhöhung zu Umsatzsteigerung. Wenn ε kleiner als minus eins ist ($\varepsilon < -1$), d.h. für den preiselastischen Absatz, lässt sich eine Umsatzsteigerung durch Preissenkungen herbeiführen. Der Umsatz lässt sich also für alle Werte, bei denen ε ungleich minus eins ist ($\varepsilon \neq -1$), erhöhen. Im Umkehrschluss bedeutet dies, dass der umsatzmaximale Preis bei einer Elastizität ε gleich minus eins vorliegt ($\varepsilon = -1$) (vgl. Homburg/Krohmer 2009, S. 658 ff.).

4.2 Behaviorial Pricing

Die klassische Preistheorie trifft die Annahme, dass Kunden sich rational verhalten und sie über vollkommene Informationen verfügen. Empirische Untersuchungen zeigen aber, dass das von Kunden gezeigte Verhalten von dieser Annahme abweicht. (vgl. Kahneman/Knetsch/Thaler 1986a,b). Die Behaviorial-Pricing-Forschung beschäftigt sich insbesondere mit der Frage, wie Kunden Preise bzw. Preisinformationen wahrnehmen und verarbeiten, wie diese auf Preisangebote reagieren und wie Preisinformationen ihre Urteile und Entscheidungen beeinflussen. Dabei legt die Behavioral-Pricing-Forschung ihren Fokus auf die kognitiven Prozesse, die von der klassischen Preistheorie nicht behandelt werden. Sie ergänzt also die klassische Preistheorie (vgl. Homburg/Koschate 2005a, S. 383 ff.).

Zur Systematisierung der Behavioral-Pricing-Forschung orientiert sich diese am kognitiven Informationsverarbeitungsansatz und ist entsprechend in drei Phasen untergliedert: die Preisinformationsaufnahme, -beurteilung und -speicherung (vgl. Homburg/Koschate2005a, S. 385).

Die Preisinformationsaufnahme befasst sich mit den Vorgängen, die zur Aufnahme von Preisinformationen in das Kurzzeitgedächtnis führen. Die Preisinformationsbeurteilung umschließt die Prozesse der Preiswahrnehmung und -beurteilung. Dabei wird die gedankliche Weiterverarbeitung und Beurteilung von wahrgenommenen Preisinformationen untersucht. Die Preisinformationsspeicherung analysiert die Prozesse des Lernens und Erinnerns. In diese Grobe Strukturierung wurden verschiedene psychologische Preiskonzepte eingeordnet, wie die Abbildung 5 zeigt (vgl. Homburg/Koschate2005a, S. 385 ff.).

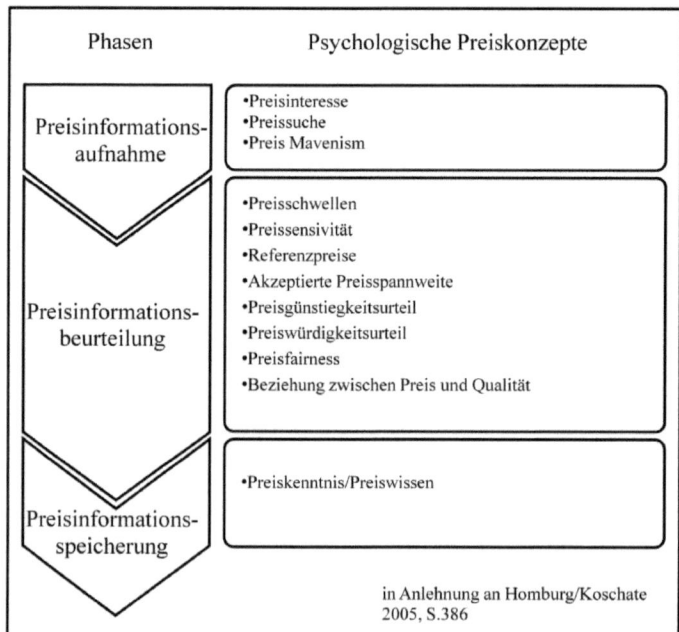

Abbildung 5: Übersicht des Behavioral-Pricing

Als Nächstes werden die zentralen Konzepte der einzelnen Phasen und die theoretischen Grundlagen auf denen sie basieren vorgestellt.

4.2.1 Preisinformationsaufnahme

Die zentralen Konzepte dieser Phase sind das Preisinteresse und die Preissuche. Diese Phase beschäftigt sich mit der Frage, in welchem Ausmaß Kunden nach Preisinformationen suchen und welche Faktoren die Intensität der Preissuche bestimmen. Die Preissuche ist definiert als die tatsächlich unternommenen Bemühungen von Kunden, verschiedene Preisinformationen zu erhalten. Der entscheidende Faktor dabei ist die Suchintensität (vgl. Homburg/Koschate 2005, S. 387). Ein Einflussfaktor der auf diese Bemühung einwirkt ist der Preis-Mavenism. Dieses preispsychologische Persönlichkeitskonzept beschreibt die Neigung eines Kunden, Preisinformationen zu sammeln und diese dann anderen mitzuteilen (vgl. Urbany/Dickson/Kalapurakal 1996, S. 92 ff.). Kunden bei denen diese Eigenschaft stark ausgeprägt ist, haben ein höheres Bewusstsein für neue Produkte und Marken. Die Relevanz dieser Eigenschaft für diese Arbeit liegt darin, dass der Price Mavenism die Mundpropaganda (word to mouth) beeinflusst. worauf später im Modell noch eingegangen wird (vgl. Urbany/Dickson/Kalapurakal 1996, S. 92 ff.; Feick/Price 1987, S. 83 ff.).

Die theoretische Grundlage zur Erklärung des Preissuchverhaltens liefert die Informationsökonomie. Diese geht im Gegensatz zur klassischen Preistheorie nicht davon aus, dass Kunden vollständige Informationen über Preise besitzen. Sie postuliert viel mehr, dass Kunden nur die Verteilung der Preise im Markt kennen (vgl. Stigler 1961, S. 213 ff.). Die Intensität der Preissuche ist von den Suchkosten abhängig, die ein Kunde hat. Ein Kunde wird so lange weitersuchen, bis der Grenznutzen weiterer Informationen gleich den Grenzkosten ist (vgl. Mehta/Rajiv/Srinivasan 2003, S. 58 ff.).

4.2.2 Preisinformationsbeurteilung

Im Rahmen der Preisinformationsbeurteilung hat sich die Forschung mit vier relativ eigenständigen Themenfelder bzw. Konzepten beschäftigt, diese sind

- die Preisschwellen und gebrochene bzw. runde Preise,
- die Referenzpreise,
- die Beziehung zwischen Preis und wahrgenommener Qualität und
- die Preisfairness (vgl. Homburg/Koschate 2005, S. 389).

4.2.2.1 Preisschwellen

Preisschwellen sind definiert als Stellen, an denen die Preis-Absatz-Funktion einen Sprung aufweist. Preisschwellen werden besonders zwischen gebrochenen und glatten Preisen vermutet, beispielsweise zwischen 9,99€ und 10€. Das Verhalten von Kunden und somit auch die Nachfrage eines Produktes ändern sich an einer Preisschwelle sprunghaft. Ob solche Preisschwellen existieren, ist allerdings umstritten (vgl. Gedenk/Sattler 1999, S. 51).

Man kann absolute und relative Preisschwellen unterscheiden. Absolute Preisschwellen bestimmen, ob ein Produkt von einem Kunden gekauft wird oder nicht. Bei relativen Preisschwellen geht es im Wesentlichen um die Frage, wie groß ein Preisunterschied sein muss, sodass dieser vom Kunden wahrgenommen wird. Das Überschreiten einer relativen Preisschwelle führt beim Kunden zu einer sprunghaften Verschlechterung des Preisgünstigkeitsurteils (vgl. Homburg/Koschate2005, S. 389; Gabor/Granger 1979, S. 570 ff.).

Die theoretische Grundlage zur Begründung der Existenz von Preisschwellen liefert das Webersche Gesetz (vgl. Monroe 1973, S. 74). Dieses „postuliert, dass die Wahrnehmbarkeit des Unterschieds zweier Reizintensitäten proportional zum absoluten Niveau dieser Reize ist. Anders ausgedrückt muss die Reizdifferenz, um wahrgenommen zu werden, umso größer ausfallen, je höher das Reizniveau ist"(Homburg/Koschate 2005a, S. 385). Wenn man dieses Gesetz nun auf die Preiswahrnehmung überträgt, folgt daraus, dass die vom Kunden wahrgenommene Preisdifferenz vom Preisniveau abhängt. Bei einem hohen Preisniveau spürt ein Kunde die gleiche absolute Preisdifferenz weniger intensiv als bei einem niedrigen Preisniveau. (vgl. Monroe 1973, S. 74)

Bezüglich der Wirkung von gebrochenen und glatten Zahlen kann man zwischen Niveau- und Image-Effekten unterscheiden. Niveau-Effekte sagen aus, dass gebrochene Zahlen zur Unterschätzung von Preisen führen können. Dabei wirken drei Niveau-Effekte zusammen: Erstens runden Kunden gebrochene Preise ab, zweitens werden Preise von links nach rechts gelesen und drittens verfügen Kunden nur über eine begrenzte Informationsverarbeitungskapazität. Das Resultat dieser drei Effekte ist dann, dass lediglich die erste linke Ziffer im Gedächtnis bleibt (vgl. Stiving/Winer 1997, S. 57 ff.). 9,99€ werden beispielsweise nur noch als 9€ erinnert.

Falls der letzten Ziffer einer Zahl besondere Bedeutung seitens des Kunden zugesprochen wird, liegen hingegen Image-Effekte vor. Diese lassen sich in zwei relevante Gruppen einteilen: Die Preis-Image-Effekte und die Qualitäts-Image-Effekte. Preis-Image-Effekte suggerieren, dass bei einer gebrochenen Endung (9,99€) ein Preisnachlass vorliegt. Qualitäts-Image-Effekte suggerieren dagegen eine minderwertige Qualität, falls eine gebrochene Endung vorliegt. Niveau- und Preis-Image-Effekte wirken also positiv auf den Absatz, während Qualitäts-Image-Effekte ihn eher negativ beeinflussen (vgl. Stiving/Winer 1997, S. 58ff; Homburg/Koschate 2005, S. 393).

4.2.2.2 Referenzpreise

Ein Referenzpreis ist definiert als „any price in relation to which other prices are seen."(Biswas/Blair 1991, S.1). Ein Referenzpreis ist also ein Vergleichspreis, nach dem andere Preise beurteilt werden. Referenzpreise bilden einen Schwerpunkt der Behavioral-Pricing-Forschung. Die Reaktion eines Kunden auf Preise ist also nicht nur von der Höhe, sondern auch von einer Bezugsgröße, dem Referenzpreis, abhängig (vgl. Biswas/Blair 1991, S.1; Homburg/Koschate 2005, S. 394).

Man kann zwischen externen und internen Referenzpreisen unterscheiden. Der Unterschied liegt dabei in deren Bildung. Externe Referenzpreise werden über Werbung, Listenpreise oder Preise der näheren Kaufumgebung gebildet (vgl. Della Bitta/Monroe/McGinnis 1981, S. 416ff; Rajendran/Tellis 1994, S. 23). Interne Referenzpreise sind die im Gedächtnis des Kunden verankerten Preise, die sich mit der Zeit gebildet haben. Sie stellen die Erfahrungen der zuletzt getätigten Käufe dar. Allerdings sind sie nicht unveränderlich, sondern können beispielsweise über Werbeeinflüsse verändert werden (vgl. Biswas/Blair 1991, S. 2; Winer 1986, S.251).

Der Referenzpreis wird im Allgemeinen als Punktgröße aufgefasst (vgl. Rajendran/Tellis 1994, S.22 ff.). In einigen Fällen aber auch als ein Bereich, der die akzeptierte Preisspannweite darstellt. Nach diesem Konzept besitzen Kunden eine Preisuntergrenze, sowie maximale Zahlungsbereitschaft (vgl. Mazumdar/Jun 1992, S. 324). Der Referenzpreis, gleichgültig ob er als Punktgröße oder als Bereich definiert ist, wird mit dem tatsächlichen Preis des Produktes verglichen. Wenn der tatsächliche Preis geringer als der Referenzpreis ist, wird dies vom Kunden als Gewinn gewertet. Dies führt zu einem positiven Urteil der Preisattraktivität. Liegt der tatsächliche Preis jedoch höher als der Referenzpreis, empfindet der Kunde dies als Verlust und eine negative Preisattraktivität kommt zustande (vgl.

Bridges/Yim/Briesch 1995, S.66 ff.). Die empfundene Preisattraktivität beeinflusst dann den Kunden bei der Kaufentscheidung. Eine positive Bewertung kann zu einer erhöhten Kaufwahrscheinlichkeit führen und so letztendlich den Marktanteil erhöhen, eine negative Bewertung kann das Gegenteil zur Folge haben. Wie stark dieser Verlust oder Gewinn gewertet wird, hängt von der Referenzpreissensitivität ab. Diese misst die Empfindlichkeit des Kunden bezüglich von Abweichungen zwischen dem tatsächlichen Preis und dem Referenzpreis. Je höher die Referenzpreissensitivität ist, desto stärker ist die Reaktion auf Abweichungen (vgl. Erdem/Mayhew/Sun 2001, S. 445 ff.). Referenzpreise haben also einen entscheidenden Einfluss auf die optimale dynamische Preisstrategie von Innovationen (vgl. u.a. Natter 97, S. 747; Greenleaf 1995, S. 82ff; Janiszewski/Lichtenstein 1999, S. 358 ff.).

Dem Referenzpreis liegen mehrere psychologische Theorien zu Grunde, darunter unter anderem die Adaptionsniveau-Theorie, Prospect-Theorie, Range-Theorie, Range-Frequency-Theorie und die Assimilationskontrast-Theorie. Die Gemeinsamkeit der genannten Theorien liegt darin, dass Individuen einen neuen Reiz bzw. Stimulus relativ zu einem Referenzpunkt oder einer Referenzskala bewerten (vgl. Homburg/Koschate 2005, S. 395).

Bezieht man beispielsweise die Adaptionsniveau-Theorie auf das Behavioral-Pricing kann der Referenzpreis als Adaptionsniveau aufgefasst werden, welches sich auf der Basis von früheren Preiserfahrungen gebildet hat. Dieses Niveau wird dann mit dem tatsächlichen Preis verglichen (Greenleaf 1995, S. 83).

4.2.2.3 Der Zusammenhang zwischen Preis und Qualität

Aus Sicht der klassischen Mikroökonomie stellt der Preis ausschließlich den Wert dar, den ein Kunde für ein Produkt aufbringen muss. Die Behavioral-Pricing Forschung beschäftigt sich hingegen auch damit, inwiefern Kunden den Preis als Indikator für die Qualität eines Produktes sehen. Dabei wird unterstellt, dass ein höherer Preis auch eine bessere Qualität verspricht (vgl. Homburg/Koschate 2005, S. 401).

Ein Faktor, der diesen Zusammenhang beeinflusst, ist die Expertise im Hinblick auf das Produkt. Je mehr Kunden über ein Produkt wissen, desto weniger greifen sie auf den Preis als Indikator für die Qualität zurück (vgl. Rao/Monroe 1989, S. 352). Da es sich bei Innovationen um neue Produkte handelt, kann man davon ausgehen, dass Kunden noch nicht so gut über ein Produkt informiert sind und somit den Preis verstärkt als Qualifikationsmerkmal heranziehen (vgl. Park/MacLachlan/Love 2011, S. 4 ff.).

4.2.2.4 Preiszufriedenheit, Preisfairness, Preisgünstigkeit und Preiswürdigkeit

Diese vier Begriffe sind eng miteinander verwandt, daher werden sie in diesem Unterpunkt gemeinsam betrachten. Die vier Phänomene beschreiben die Beurteilung bzw. Abwägung von Preisen aus Kundensicht und beschreiben, wie Kunden einen Preis aus emotionaler Sicht bewerten (vgl. Diller 2000, S.570 ff.). Preisfairness ist definiert als die subjektive Wahrnehmung des Kunden, ob ein Preis richtig, gerecht und legitim oder falsch, ungerecht und illegitim ist (vgl. Campell 2007, S. 261). Die empfundene Preisfairness hat großen Einfluss auf die Kunden des Unternehmens, sie bestimmt unter anderem über die Zahlungsbereitschaft eines Kunden und die Wahrscheinlichkeit, dass ein Produkt des Unternehmens gekauft wird (vgl. Campell 1999, S. 197, Kahneman/Knetsch/Thaler 1986a S. 285 ff.).

Die theoretische Grundlage zur wahrgenommenen Preisfairness bildet unter anderem das „Dual-Entitlement-Prinzip". In dessen Zentrum steht eine Referenztransaktion. Diese kann durch einen Referenzpreis, andere Kaufbedingungen und durch einen positiven Referenzgewinn des Unternehmens charakterisiert werden. Bei diesem Prinzip haben sowohl der Abnehmer als auch der Anbieter Ansprüche. Der Abnehmer hat ein Recht auf die Bedingungen der Referenztransaktion und der Anbieter hat den Anspruch auf den Referenzgewinn. Diese beiden Ansprüche können durch bestimmte Ereignisse gefährdet sein. Die Referenztransaktion des Abnehmers kann durch Preiserhöhungen verletzt werden, während der Gewinnanspruch des Anbieters durch Kostensteigerungen bedroht werden kann. Falls beide Ansprüche gleichzeitig verletzt werden, unterstellt das Dual-Entitlement-Prinzip, dass der Gewinnanspruch des Anbieters Vorrang vor dem Anspruch des Abnehmers hat. Ein Kunde kann eine Preiserhöhung also durchaus als fair empfinden, obwohl sein eigener Anspruch verletzt wurde (vgl. Homburg/Koschate 2005, S. 403 ff.; Kahneman/Knetsch/Thaler 1986b, S. 729 ff.).

Nach Diller 2000, S. 571 ist „die Preiszufriedenheit im Sinne des in der Zufriedenheitsforschung dominanten Confirmation-Disconfirmation-Konzepts als Ergebnis einer gedanklichen Gegenüberstellung von Preiserwartungen und Preiswahrnehmungen seitens eines Kunden" definiert.

Von Preisgünstigkeit spricht man, wenn der Kunde einen Preis auf Basis seines Referenzpreises bewertet und nicht aufgrund von Nutzenüberlegungen. Preiswürdigkeit bezieht sich hingegen auf das Preis-Leistungs-Verhältnis eines Produkts. Der Kunde vergleicht hierbei den von ihm subjektiv wahrgenommenen Produktnutzen mit dem von ihm zu zahlenden Preis und bewertet anschließend deren Verhältnis. Preiswürdigkeitsurteile sind häufig in der Mikroökonomie vertreten, da diese Kaufentscheidungen oft in Abhängigkeit vom Nutzen untersucht werden (vgl. Homburg/Krohmer 2009, S. 685).

Die Preiszufriedenheit des Kunden zieht Auswirkungen nach sich, die relevant für das spätere Modell sein werden. Die Preiszufriedenheit wirkt sich positiv auf die Gesamtzufriedenheit des Kunden aus. Dies hat eine steigende Wiederkaufbereitschaft zur Folge (vgl. Diller 2000, S. 584). Außerdem ist besonders die zunehmende Referenzbereitschaft des Kunden relevant. Damit ist gemeint, dass der Kunde das Produkt über "Mund-zu-Mund-Propaganda" weiterempfiehlt (vgl. Diller 2000, S. 584). Durch dieses Verhalten wird bei späteren potentiellen Kunden ein positives Bild des Produktes geschaffen und so die Kaufbereitschaft erhöht. Dies hat wiederrum eine verbesserte Diffusion des Produktes zur Folge (vgl. u.a. Krishnan/Bass/Kumar 2000, S. 270).

4.2.3 Preisinformationsspeicherung

Im Zentrum der Forschung bezüglich der Preisinformationsspeicherung steht die Frage, inwiefern sich Kunden an Preise von Produkten, die sie in der Vergangenheit gekauft haben, erinnern können (vgl. Monroe/Lee 1999, S. 207 ff.). Das zentrale Konzept dieser Forschung ist dabei das Preiswissen. „Das Preiswissen umfasst sämtliche preisbezogenen Informationen, die im Langzeitgedächtnis eines Nachfragers verankert sind"(Homburg/Krohmer 2009, S. 688). Unter dem Preiswissen kann auch die Fähigkeit eines Kunden verstanden werden, sich an Preise zu erinnern (vgl. Monroe/Lee 1999, S. 207 ff.).

Empirische Untersuchungen belegen, dass das Preiswissen von Kunden nicht sehr gut ist. Es konnte darüber hinaus gezeigt werden, dass das Preiswissen der Produkte einer Produktkategorie mit steigender Produktanzahl und Preisspannweite abnimmt. Die Werbeintensität der beworbenen Produktkategorie wirkt sich positiv auf das Preiswissen aus (vgl. Vanhuele/Dreze 2002, S. 78 ff.).

4.3 Diffusionstheorie

Die Diffusionstheorie fußt sich auf dem Werk „Diffusion of Innovations" von Everett M. Rogers aus dem Jahr 1962. Darin wird Diffusion als „the process by which an innovation is communicated through certain channels over time among the members of a social system"(Rogers 1995, S. 5).

Die vier Hauptelemente der Diffusion einer neuen Idee sind:

- eine Innovation,
- die durch bestimmte Kommunikationskanäle
- über die Zeit
- unter den Mitgliedern einer Gesellschaft verbreitet wird (vgl. Rogers 1995, S. 35).

Die Diffusionstheorie beschreibt also den Prozess der Ausbreitung einer Innovation innerhalb eines Marktes über die Zeit (vgl. u.a. Chandrasekaran/Tellis 2007, S. 40). Peres/Muller/Mahajan (2010, S. 92) definieren Diffusion folgendermaßen: „Innovation diffusion is the process of the market penetration of new products and services, which is driven by social influences. Such influences include all of the interdependencies among consumers that affect various market players with or without their explicit knowledge." Hieraus wird deutlich, dass die Diffusion einer Innovation durch soziale Einflüsse stark geprägt ist. Darunter fällt beispielsweise die Mund-zu-Mund-Propaganda (word-to-mouth) (vgl. Peres/Muller/Mahajan 2010, S. 92).

4.3.1 Adaptionstheorie

Den Ausgangspunkt der Diffusionstheorie bildet die Adaptionstheorie, diese beschreibt auf der individuellen Ebene wie es zur Übernahme bzw. Adaption oder Ablehnung bzw. Rejektion einer Innovation kommt. Aus der Aggregation von individuellen Adaptionsprozessen lassen sich dann Diffusionskurven bilden. Der Adaptionsprozess ist im Allgemeinen in fünf Phasen gegliedert.

- In der Knowledge-Phase erfährt man von einer Innovation,
- in der Persuasion-Phase besitzt man eine positive oder negative Meinung von einer Innovation,
- während der Decision-Phasen entscheidet man sich für oder gegen eine Innovation,
- innerhalb der Implementation-Phase wird die Innovation implementiert und
- im Laufe der Confirmation-Phase bestätigt oder widerruft man die Innovationsentscheidung.

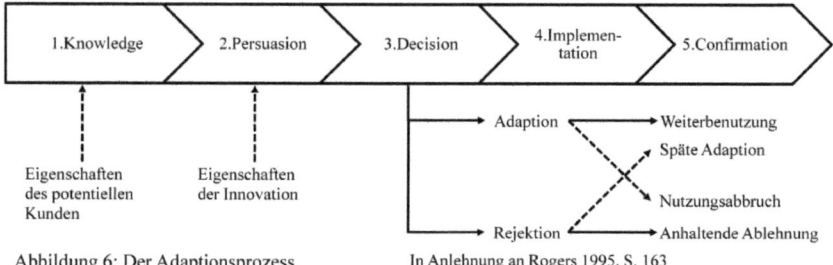

Abbildung 6: Der Adaptionsprozess   In Anlehnung an Rogers 1995, S. 163

Als erste Stufe des Adaptionsprozesses kommt die Knowledge-Phase, wie man der Abbildung 6 entnehmen kann. Sie beginnt, wenn eine Person zum ersten Mal von einer Innovation erfährt und versteht, wie sie funktioniert (vgl. Rogers 1995, S. 162 ff.).

Nach der Knowledge-Phase kommt die Persuasion-Phase. Nachdem eine Person von einer Innovation erfahren hat bildet sie sich nun eine Meinung über die Innovation. Sie entwickelt dabei eine positive, neutrale oder negative Haltung. Während dieser Phase zählen weniger rationale Argumente als vielmehr das „Bauchgefühl" bezüglich einer Innovation. Die Person ist mehr psychologisch involviert in die Innovation und sucht aktiv nach neuen Informationen. Die gefundenen Informationen werden dann ganz individuell bewertet. Wichtige Eigenschaften einer Innovation sind hierbei die Vorteilhaftigkeit, Kompatibilität und Komplexität. Die Person entwickelt hierbei zunehmend eine wohlwollende oder ablehnende Haltung gegenüber der Innovation und entwirft eine Vorstellung, wie sie die Innovation in der Zukunft nutzen könnte. Bei dieser Vorstellung kommen Fragen nach der Vorteilhaftigkeit und Konsequenzen einer Innovation auf. Zur Beantwortung dieser Fragen werden weniger Massenmedien und wissenschaftliche Evaluierungen herangezogen, sondern vielmehr die Meinung einzelner, gleichgesinnter Personen. Eine positive Meinung führt allerdings nicht zwangsläufig zu einer Adaption der Innovation. Diese Diskrepanz zwischen Einstellung und Handlung wird als „KAP-gap" bezeichnet, wobei KAP für knowledge-attitude-practice steht. Diese Lücke kann durch Interventionen wie mangelnde Verfügbarkeit oder auch durch fehlenden Kontakt zu anderen Benutzern auftreten (vgl. Rogers 1995, S. 167 ff.).

Die nächste Phase ist die Decision- oder Entscheidungs-Phase. In dieser trifft eine Person die Wahl zwischen Ablehnung (Rejektion) oder Annahme (Adaption) einer Innovation. Die Adaption ist die Entscheidung, vollen Gebrauch von einer Innovation zu machen. Die Rejektion ist die Entscheidung, eine Innovation nicht zu adaptieren. Um die Unsicherheit über eine Innovation zu minimieren, testen viele Personen die Innovation zunächst, wodurch sie deren Nützlichkeit für sich selbst abschätzen können. Diese Option ist nicht für alle Innovationen gegeben. Falls diese Möglichkeit allerdings besteht, lässt sich die Adaptionsrate rapide erhöhen. Dies kann zum Beispiel durch Gratisproben oder Demonstrationen herbeigeführt werden. In Teilen kann es auch helfen, Innovationen von anderen testen zu lassen. Diese „Change Agents", was man mit Meinungsbildnern oder Idolen übersetzten könnte, ermöglichen ebenfalls eine Erhöhung der Adaptionsrate (vgl. Rogers 1995, S. 171 ff.).

Logischerweise führt diese Phase entweder zur Adaption der Innovation oder zu deren Ablehnung. Die Ablehnung kann dabei auf zwei Weisen geschehen, zum einen durch aktive Ablehnung und zum anderen durch passive Ablehnung. Bei der aktiven Ablehnung hat die Person die Innovation geprüft und auch getestet und sich daraufhin entschieden, sie nicht zu nutzen. Bei der passiven Ablehnung hat sich die Person keinerlei Gedanken über die Innovation gemacht und sie auch nie getestet (vgl. Rogers 1995, S. 171 ff.).

Wenn sich eine Person für eine Innovation entschieden hat und diese einsetzt, beginnt die Implementierungsphase. Diese ist die erste Phase, die nicht nur gedanklich abläuft, in ihr wird auch gehandelt. Sie schließt sich meistens nahtlos an die Entscheidungsphase an, außer es treten Verfügbarkeitsprobleme auf. In dieser Phase existieren ebenfalls Unsicherheiten im Bezug auf die Innovation. Es stellen sich Fragen wie: Wo erhält man die Innovation? Wie benutzt man die Innovation? Welche Anwendungsprobleme können auftreten und wie löst man sie? Hier sollten Change Agents technische Unterstützung anbieten. Besonders ernst können technische Probleme sein, wenn der Anwender eine Organisation bzw. Unternehmen ist. Im Gegensatz zu einzelnen Anwendern, bei denen technische Probleme in der Regel nicht zu ernsten Problemen führen. Die Implementierungsphase kann durchaus einen längeren Zeitraum in Anspruch nehmen. Sie endet, wenn die Innovation als Routine angesehen wird und vollständig in die jeweilige Umgebung integriert wurde. In anderen Worten, wenn sie nicht mehr als neu, sondern vielmehr als alltäglich gilt. Für den Großteil der Anwender endet hier der Adaptionsprozess, für einige wenige ist allerdings noch eine Confirmation-Phase nötig (vgl. Rogers 1995, S. 172 ff.).

In der Confirmation-Phase suchen einige Personen auch nach der Entscheidung für oder gegen eine Innovation weitere Informationen, um ihre Entscheidung für oder gegen eine Innovation zu bestätigen. In dieser Phase kann eine Person zu dem nachträglichen Schluss kommen, eine Innovation nicht weiter zu nutzen. Beendet die Person oder Organisation die Nutzung der Innovation, kann dies auf zwei Gründe zurückgeführt werden: Ersatz durch eine neue Innovation oder Enttäuschung. Es gibt immer wieder neuere bessere Innovationen, die andere ersetzten. Der Rechenschieber wurde durch den Taschenrechner ersetzt, VHS-Kassetten durch DVDs. Der andere Grund dagegen ist Enttäuschung, diese entsteht unter anderem durch eine Fehleinschätzung der erwarteten Leistung oder durch den falschen Einsatz. Eine Innovation hätte also einen entsprechenden Nutzen gehabt, wenn sie richtig benutzt worden wäre. Die Abbruchrate hängt stark mit den Innovationseigenschaften zusammen. Innovation mit einer hohen Vorteilhaftigkeit und Kompatibilität besitzen eine schnelle Verbreitungs- und niedrige Abbruchrate. Im Gegensatz dazu kann man implizieren, dass eine geringe Vorteilhaftigkeit und Kompatibilität zu langsamen Verbreitungs- und hohen Abbruchraten führt (vgl. Rogers 1995, S. 180 ff.).

Die potentiellen Anwender einer Innovation unterteilte Rogers 1995 in fünf idealisierte Gruppen: Innovatoren (Innovators), frühzeitige Anwender (early adopters), frühe Mehrheit (early majority), späte Mehrheit (late majority) und Nachzügler (laggards). Deren Verteilung auf die Gesamtzahl der Anwender stellt sich wie in Abbildung 7 dar:

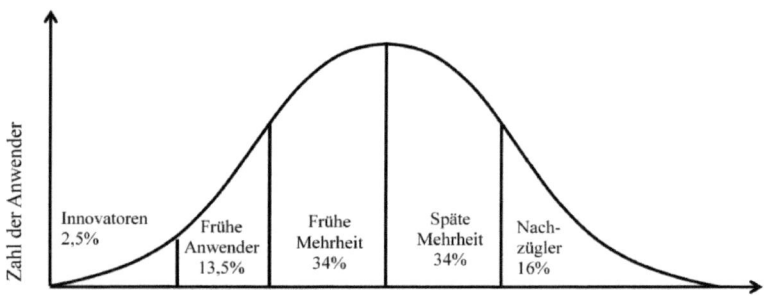

Abbildung 7: Verteilung potentieller Anwender   in Anlehnung an
                                                        Rogers 1995, S. 262

Die zeitlich erste Gruppe, die eine Innovation adaptiert, sind die Innovatoren. Sie werden insbesondere als abenteuerlich charakterisiert und sind interessiert an neuen Ideen. Dieses Interesse führt zu einem größeren bzw. weltweiten sozialen Netzwerk, das auch weite Distanzen überbrücken kann. Um überhaupt als Innovator auftreten zu können, müssen bestimmte Voraussetzungen erfüllt sein. Zunächst einmal muss ein Innovator über entsprechende finanzielle Mittel verfügen, um sich die Gefahr eines Verlusts durch eine

Innovation leisten zu können. Er muss darüber hinaus in der Lage sein, komplexes technisches Wissen zu verstehen und eine gewisse Risikoneigung haben, denn eine Innovation zu adaptieren, ist immer mit einem möglichen Verlust verbunden. Der Innovator spielt eine wichtige Rolle im Diffusionsprozess, obwohl er nicht immer in das lokale soziale Netzwerk integriert ist. Er fungiert als Türöffner, der die Verbreitung einer Innovation erst ermöglicht bzw. vorantreibt. Innovatoren räumen Unsicherheiten über eine Innovation aus, indem sie sie erwerben und testen. Ihre dadurch gewonnene Einschätzung teilen sie dann anderen mit, wodurch sie großen Anteil an der Entscheidung für oder gegen eine Innovation haben (vgl. Rogers 1995, S. 263 ff.).

Die restlichen Gruppen kann man als Imitatoren zusammenfassen (vgl. Bass 2004, S. 1825 ff.). Wenn man die einzelnen Gruppen miteinander vergleicht, kann man gewisse Tendenzen erkennen. Je später Menschen von einer Innovation erfahren, desto eher wird unterstellt, dass sie schlechter ausgebildet und einen geringeren sozialen Status haben. Sie haben weniger Kontakt zu anderen Menschen, sind verschlossener und sind weniger den Massenmedien ausgesetzt. Je mehr diese Eigenschaften zutreffen, desto geringer ist das verfügbare Einkommen und umso kritischer wird eine Innovation geprüft (vgl. Rogers 1995, S. 162 ff.).

4.3.2 Bass-Modell (2004)

Das erste mathematische Modell zur Abbildung von Diffusionsprozessen wurde von Bass (2004) entwickelt. Er unterteilte dazu zunächst die Nachfrage, die von Rogers 1995 in fünf verschiedene Gruppen (Innovatoren, frühzeitige Anwender, frühe Mehrheit, späte Mehrheit und Nachzügler) unterteilt wurde, in Innovatoren und Imitatoren. Das Unterscheidungskriterium war dabei der Zeitpunkt, zu dem die Kunden ein Produkt kauften. Einige Individuen entscheiden sich sofort für den Kauf und die Anwendung eines neuen Produktes. Dies sind die Innovatoren, sie entscheiden sich ohne sozialen Druck für den Erwerb eines Produktes. Die Adaption durch die Innovatoren wird durch die Innovationsrate beschrieben, diese gibt an wie wahrscheinlich die Adaption einer Innovation ist. Die restliche Nachfrage lässt sich vom sozialen Druck beeinflussen, der mit zunehmender Zahl der Anwender einer Innovation steigt. Die Individuen, die sich von anderen beeinflussen lassen, definierte Bass als Imitatoren. Ihr Adaptionsverhalten wird durch die Imitationsrate beschrieben. Auch diese gibt die Wahrscheinlichkeit an mit der eine Innovation adaptiert wird. Die Imitationsrate ist dabei im Allgemeinen viel größer als die Innovationsrate. Die frühzeitigen Anwender, die frühe und späte Mehrheit, sowie die Nachzügler fallen unter diese

Gruppe. Bass unterteilt die Nachfrage also in zwei Kundengruppen, zum einen die Innovatoren und zum anderen die Imitatoren (vgl. Bass 2004, S. 1825 ff.). Golder und Tellis (1997) ermittelten empirisch, dass die Innovatoren circa 1,7% der späteren Anwender ausmachen, damit konnten sie den in der Literatur angenommenen Wert von 2,5% bestätigen (vgl. Golder/Tellis 1997, S. 266).

Wenn man die kumulierte Diffusion über die Zeit als Funktion darstellt, erhält man die Diffusionskurve. Die Diffusionskurve hat dabei einen s-förmigen Verlauf, wie in der Abbildung 8 dargestellt. Nach Golder und Tellis 2004 kann man verschiedene Punkte oder Bereiche auf der Diffusionskurve festlegen, die typisch für den Produktlebenszyklus sind. Kommerzialisierung (1) ist der Zeitpunkt, wenn ein neues Produkt zum ersten Mal verkauft wird. Der Takeoff (2) ist der erste drastische Anstieg der Verkäufe eines neuen Produkts, er ist von entscheidender Bedeutung für das Unternehmen. Er beschreibt den Übergang zwischen der Einführung und dem Wachstum. Produkte, die den Takeoff durchlaufen, erfahren einen drastischen Anstieg der Verkäufe. Sie werden zunächst zu einem wünschenswerten Produkt, dann vollziehen sie den Schritt zu einem populären Produkt und erreichen als letzte Stufe den Status als Notwendigkeit eines Haushalts. Während des Takeoff steigen die Verkaufszahlen im Vergleich zum Vorjahr um durchschnittlich circa 400% (vgl. Golder/Tellis 1997, S. 257).

Die durchschnittliche Zeit von der Einführung eines Produktes bis zum Takeoff beträgt sechs Jahre, variiert aber bei unterschiedlichen Produktklassen und Märkten bzw. Ländern. Es kann auch eine Unterteilung zwischen „brown and white goods" getroffen werden. Zu ersteren zählen Produkte, die der Unterhaltung oder Information dienen, zu letzteren zählen Küchen- und Wäscheutensilien. Die durchschnittliche Dauer eines Takeoffs für Unterhaltungsprodukte betrug nur zwei Jahre im Gegensatz zu acht Jahren bei Küchenutensilien. Je nach Produkt kann die Zeit bis zum Takeoff um den Faktor vier variieren, also ein erheblicher Unterschied (vgl. Tellis/Stremersch/Yin 2003, S. 199). Bei Beginn des Takeoffs ist dabei eine durchschnittliche Marktdurchdringung von 1,7% erreicht. Die wichtigsten Variablen die mit dem Takeoff einhergehen, sind die Marktdurchdringung und der Preis (vgl. Golder/Tellis 1997, S.266).

Die Einführungsphase (3) beschreibt den Bereich zwischen der Kommerzialisierung und dem Takeoff. Der Slowdown (4) ist der Beginn einer Phase, in der die Verkaufsrate sich verringert. Wachstum (5) ist die Phase zwischen dem Takeoff und dem Slowdown und als Reifephase (6) wird der Bereich nach dem Slowdown bezeichnet, in dem die Verkaufszahlen abnehmen. Man kann also erkennen, wie die Diffusionskurve den Produktlebenszyklus darstellt (vgl. Golder/Tellis 2004, S. 208).

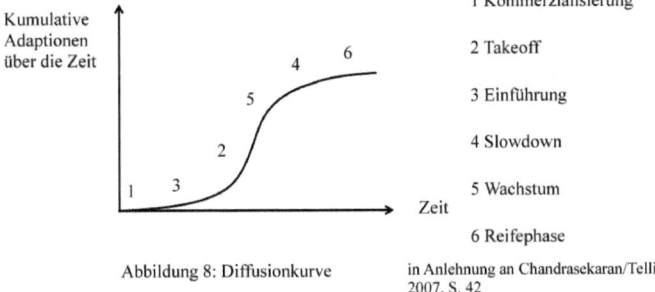

Abbildung 8: Diffusionkurve   in Anlehnung an Chandrasekaran/Tellis 2007, S. 42

Das ursprüngliche Bass-Diffusions-Modell hatte diesen s-förmigen Verlauf und kam mit drei Schlüsselparametern aus, diese waren der Innovationskoeffizient, der Imitationskoeffizient sowie das Marktpotential. Wobei der Innovationskoeffizient viel kleiner ist als der Imitationskoeffizient (vgl. Chandrasekaran/Tellis 2007, S. 41).

Dieses ursprüngliche Bass-Modell mit drei Parametern wurde im Laufe der Zeit immer wieder erweitert, indem andere Faktoren miteinbezogen wurden. Auf diese Weise konnten die Effekte verschiedener Marketing-Variablen wie dem Preis und der Werbung in das Bass-Modell integriert werden. Dies machte es möglich, die Effekte, die durch Änderung dieser Variablen entstehen, zu berechnen (vgl. Chandrasekaran/Tellis 2007, S. 49). Durch die Abnahme des Preises können zusätzlich Haushalte angesprochen werden, deren Zahlungsbereitschaft niedriger war als der Einführungspreis. Durch den sinkenden Preis kann die Chance erhöht werden, dass Haushalte nicht nur potentiell neue Kunden sind, sondern das Produkt auch erwerben. Ein sinkender Preis hat also zwei Effekte, zum einen vergrößert sich die Anzahl potentieller Kunden und zum anderen die Anzahl tatsächlicher Kunden (vgl. Chandrasekaran/Tellis 2007, S. 50).

Ein weiterer Effekt, der in das Modell integriert wurde, war die Konkurrenz. Der Konkurrenzeintritt hat Auswirkungen auf die Diffusion von anderen Marken. Eine neue Marke kann zwei Auswirkungen haben. Zum einen kann eine neue Marke das gesamte Marktpotential der Produktkategorie durch Werbung und eine größere Produktvielfalt erhöhen. Zum anderen kann die neue Marke um dasselbe Marktpotential konkurrieren und so die Diffusion existierender Marken verlangsamen. Die Forschung, die sich mit den Konkurrenzeffekten befasst, legt nahe, dass die Diffusion abhängig von der Reihenfolge des Markeneintritts und der Konkurrenzsituation ist. Allerdings kann nur die Richtung dieser Effekte bestimmt werden, die genaue Entwicklung kann nicht vorhergesagt werden (vgl. Chandrasekaran/Tellis 2007, S. 50). Weitere Effekte, die unter anderem hinzugefügt wurden, waren Versorgungsengpässe (vgl. Jain/Mahajan/Muller 1991, S. 83 ff.), Produktgenerationen (vgl. Norton/Bass 1987, S. 1069 ff.) und zeitabhängige Parameter (vgl. Horsky 1990; S. 342 ff.).

Für das spätere Modell wird insbesondere das um den Preis, Konkurrenzeintritt und Werbung erweiterte Bass-Modell eine Rolle spielen. Die Erweiterung um Preis und Werbung ist insofern wichtig, da diese Variablen entscheidenden Einfluss auf den Takeoff und damit auf die gesamte Diffusion einer Innovation haben. Der Preis wird dabei als der wichtigste Faktor angesehen, um den Takeoff zu initialisieren. Eine Reduktion von 1% des Preises erhöht die Wahrscheinlichkeit eines Takeoffs um 4,3% (vgl. Golder/Tellis 1997, S. 260 ff.). Der Konkurrenzeintritt ist insofern wichtig, da er zum einen das Marktpotential eines Produktes und zum anderen die gesamte Marktform verändert (vgl. Eliashberg/Jeuland 1986, S. 20 ff.).

5. Modell

5.1 Modellentwicklung

In diesem Kapitel wird ein Modell entwickelt, das den Einfluss des Innovationsgrads auf die Preisstrategie und deren Rahmenbedingungen abbildet, sowie die Auswirkungen der Preisstrategie und der Rahmenbedingungen auf den Markterfolg verdeutlicht. Zunächst einmal muss man sich für die Modellentwicklung vor Augen führen, was eine Preisstrategie ist.

Eine Preisstrategie ist definiert als die Möglichkeit, mit der ein Preisziel erreicht werden kann. Die meisten Preisstrategien besitzen ein relatives Preisniveau und einen Ablaufplan, welche mit der Kosten-, Kunden- oder Konkurrenzsituation des Unternehmens verknüpft sind (vgl. Noble/Gruca 1999, S. 436). Die Preisstrategie stellt also das Mittel bzw. den Weg dar, mit dem ein bestimmtes Ziel erreicht wird. In dieser Bachelorarbeit ist das Ziel, eine Innovation zum Markterfolg zu führen.

Für die Neueinführung von Innovationen bieten sich drei grundlegende Strategien an: die Skimmingstrategie, die Penetrationsstrategie und das Experince-Curve-Pricing. Wie bei den definitorischen Grundlagen erwähnt, verhalten sich die Penetrationsstrategie und das Experince-Curve-Pricing relativ ähnlich. Lediglich die Ursache der Kostensenkung ist eine andere. Bei der Penetrationsstrategie sinken die Durchschnittskosten mit zunehmender Menge beispielsweise aufgrund der Verteilung der Fixkosten auf eine größere Anzahl an Produkten. Beim Experince-Curve-Pricing sinken die Kosten aufgrund von Lerneffekten (vgl. u.a. Noble/Gruca 1999, S. 438 ff.). Um die Übersichtlichkeit des Modells zu gewährleisten, wird allerdings auf die Kosten nicht explizit eingegangen, da auch der Innovationsgrad keinen allgemeingültigen, unmittelbaren Einfluss auf die Kostenstruktur hat. Da die Kosten nicht näher betrachtet werden, besteht auch kein Differenzierungsmerkmal zwischen der Penetrationsstrategie und dem Experince-Curve-Pricing (vgl. u.a. Noble/Gruca 1999, S. 438 ff.), weshalb im Folgenden nur die Penetrationsstrategie und die Skimmingstrategie betrachtet werden.

Eine Preisstrategie besitzt, wie oben erwähnt, ein relatives Preisniveau und einen Ablaufplan (vgl. Noble/Gruca 1999, S. 436). Man kann die Preisstrategie daher in zwei Bestandteile auftrennen: einen Markteinführungspreis und die Preisentwicklung. Der Markteinführungspreis stellt dabei das relative Preisniveau des Produkts dar. Das relative Preisniveau ist im Vergleich zu ähnlichen Produkten höher, niedriger oder gleich. Die Preisentwicklung gibt den Ablaufplan der Strategie an. Sie beschreibt, wie sich der Preis im Zeitverlauf ändert. Er kann steigen, fallen oder gleich bleiben. Die Preisstrategie insgesamt hat Auswirkungen auf den Markterfolg einer Innovation (vgl. Spann/Fischer/Tellis 2009, S. 2). Die Unterpunkte Markteinführungspreis und Preisentwicklung müssen allerdings teilweise unabhängig von der gesamten Preisstrategie betrachtet werden. Auf dieser Grundlage hat sich das in Abbildung 9 dargestellte Konzept ergeben.

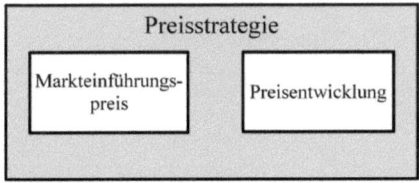

Abbildung 9:   Eigene Darstellung
Modellentwicklung Teil 1

Durch diese Darstellung wird zum einen deutlich, dass der Markteinführungspreis und die Preisentwicklung Bestandteile der Preisstrategie sind und zum anderen ist es so möglich Einflüsse und Auswirkungen von bzw. auf die einzelnen Bestandteile differenzierter betrachten zu können. Die Preisstrategie kann allerdings nicht losgelöst von der Umgebung betrachtet werden, denn sie muss an die herrschenden Rahmenbedingungen angepasst werden. Wie oben bereits erwähnt, ist die Preisstrategie verknüpft mit der Konkurrenz- und Kundensituation des Unternehmens. Dies gilt allgemein für jedes Produkt (vgl. u.a. Ingenbleek et al. 2003, S. 290 ff.; vgl. Noble/Gruca 1999, S. 436). Diese Bachelorarbeit beschäftigt sich speziell mit dem Preismanagement von Innovationen, daher werden die Besonderheiten der Preisstrategie für Innovationen untersucht.

Eine Innovation ist nicht gleich eine Innovation. Die Dampfmaschine hatte völlige andere Auswirkungen als das iPhone2. Man muss also zwischen unterschiedlichen Innovationen differenzieren. Als Unterscheidungsmerkmal bietet sich der Innovationsgrad an, der, wie oben gezeigt, als 2x2-Matrix abgebildet werden kann (vgl. Garcia/Calantone 2002, S. 111 ff.). Wie beeinflusst nun aber der Innovationsgrad die Preisstrategie? Wie man an den zwei oben genannten Beispielen sieht, unterscheiden sich diese in dem Nutzen, den sie stiften. Die Dampfmaschine, die für die damalige Zeit eine radikale Innovation darstellt, stiftete viel größeren Nutzen als das iPhone4S. Man kann also davon ausgehen, dass je innovativer ein Produkt ist, desto höher ist dessen Nutzen (vgl. Kleinschmidt/Cooper 1991 S. 247 ff.; Veryzer 1998, S. 137 ff.). Die Zahlungsbereitschaft des Kunden ist, wie in der klassischen Preistheorie beschrieben, abhängig vom Produktnutzen (vgl. Thommen/Achleitner 2006, S. 228). Je höher der Produktnutzen ist, desto höher kann man also den Preis setzten (vgl. Dean 1950, S. 147). Im Bezug zur Preisstrategie bedeutet dies, dass der Innovationsgrad sich über den Produktnutzen auf den Markteinführungspreis auswirkt. Damit kann man die Preisstrategie um diesen Einfluss erweitern, sodass sich das Modell, wie in Abbildung 10 darstellt:

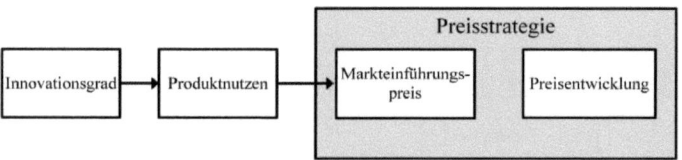

Abbildung 10: Modellentwicklung Teil 2   Eigene Darstellung

Zusätzlich muss man die allgemeinen Rahmenbedingungen betrachten, die aus dem Konkurrenz- und Kundenverhalten bestehen (vgl. u.a. Ingenbleek et al. 2003, S. 290 ff.; vgl. Noble/Gruca 1999, S. 436). Zuerst wird das Konkurrenzverhalten betrachtet. Die Konkurrenz hat auch das Ziel, Gewinne zu erwirtschaften. Dies lässt sich durch Innovationen erreichen, da durch sie Wachstumschancen entstehen (vgl. Ali 2000, S. 151). Wie wahrscheinlich es ist, dass Konkurrenten in einen Markt eintreten bzw. eine Innovation entwickeln, hängt von den jeweils erzielbaren Margen ab. Diese werden durch den Markteinführungspreis bestimmt. Der Markteinführungspreis beeinflusst also die Konkurrenzeintrittswahrscheinlichkeit (vgl. Redmond 1989, S. 100 ff.). Wie schnell Konkurrenten in einen Markt eintreten können, hängt vom jeweiligen Produkt ab und kann sehr unterschiedlich sein. Einflussfaktoren sind hierbei unter anderem der Patentschutz, die Entwicklungszeit und die Erschließung neuer Märkte (vgl. u.a. Ali 2000, S. 151 ff.; Griffin 1993, S. 114). Das Produkt wird durch den Innovationsgrad charakterisiert, daher kann unterstellt werden, dass der Innovationsgrad die Konkurrenzeintrittsgeschwindigkeit beeinflusst (vgl. Ali 2000, S. 159 ff.). Durch ein neues Produkt auf dem Markt sind die Konkurrenten des Weiteren gezwungen, Preisanpassungen vorzunehmen, um keinen Marktanteil zu verlieren. Der Markteinführungspreis wirkt also auch auf die Preisanpassungen der Konkurrenz. Die Preisstrategie muss, um weiterhin erfolgreich sein zu können, auf das Konkurrenzverhalten angepasst werden. Das Konkurrenzverhalten als Ganzes bestimmt also die Preisentwicklung (vgl. Eliashberg/Jeuland 1986, S. 20 ff.). Durch die Integration von Konkurrenz ergeben sich die in Abbildung 11 gezeigten Zusammenhänge:

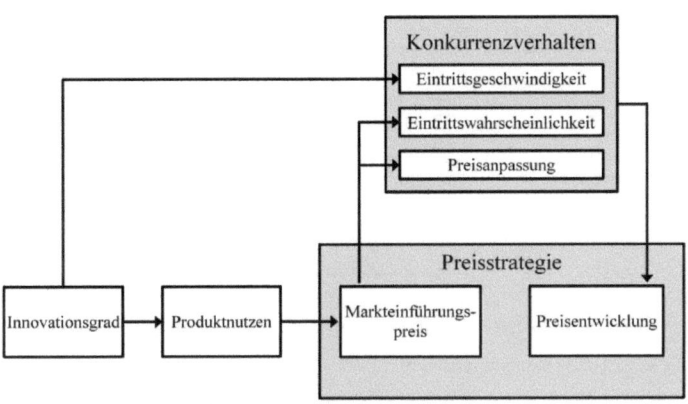

Abbildung 11: Modellentwicklung Teil 3   Eigene Darstellung

Als nächster Schritt muss noch das Kundenverhalten miteinbezogen werden. Die Kunden lassen sich nach dem Bass-Modell in zwei Gruppen teilen: die Innovatoren und die Imitatoren. Letztere werden von ersteren durch Mundpropaganda beeinflusst. Die Innovatoren stellen die ersten Käufer da (vgl. Bass 2004, S. 1825 ff.). Auf sie wirkt daher der Markteinführungspreis. Auf die Imitatoren haben dementsprechend die späteren Preise und damit die Preisentwicklung Einfluss (vgl. Dean 1950, S. 147 ff.). Beide Gruppen kaufen ein

Produkt allerdings nur, wenn sie auch einen Nutzen davon haben, deshalb nimmt der Produktnutzen Einfluss auf die beiden Gruppen (vgl. u.a. Langerak/Hultink/Griffin 2008, S. 370 ff.). Da Innovatoren als fortschrittlich bzw. „venturesome and daring"(Bass 2004, S. 1826) charakterisiert werden können, muss auch der Innovationsgrad, der die Neuheit eines Produkts repräsentiert, Einfluss auf sie haben (vgl. Bridges/Yim/Briesch 1995, S.66 ff.; Chatterjee/Eliashberg 1990, S.1058 ff.). Fügt man also das Kundenverhalten hinzu, entstehen die in Abbildung 12 dargestellten Zusammenhänge:

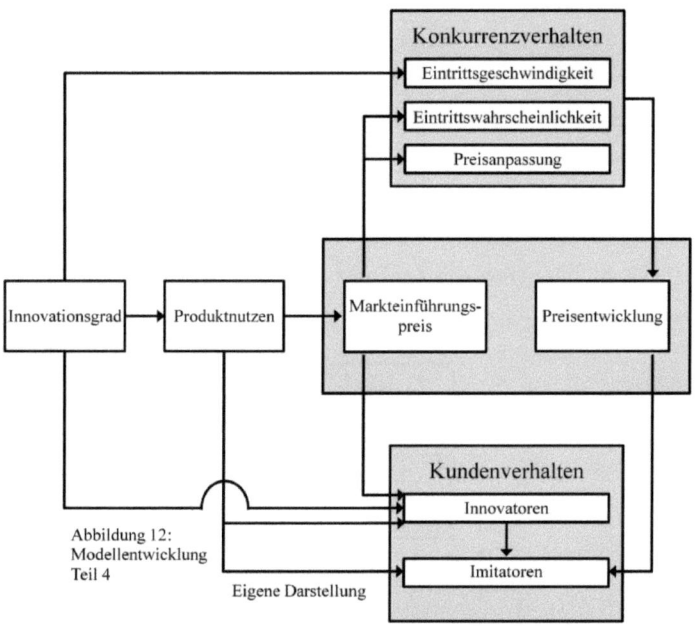

Abbildung 12:
Modellentwicklung
Teil 4

Eigene Darstellung

Zum Schluss muss noch der Markterfolg der Innovation in das Modell integriert werden. Eine Innovation kann als erfolgreich bezeichnet werden, wenn sie sich am Markt behauptet, dafür muss eine entsprechende Nachfrage vorhanden sein. Daher bestimmt das Kundenverhalten den Markterfolg mit (vgl. Horsky 1990, S. 343 ff.). Eine Innovation muss außerdem Umsatz bzw. auch Gewinn erwirtschaften, ein entscheidender Einflussfaktor hierbei ist der Preis. Damit hat auch die Preisstrategie enormen Einfluss auf den Markterfolg (vgl. Simon 2004, S. 3 ff.). Somit sieht das endgültige Modell wie in Abbildung 13 veranschaulicht folgendermaßen aus:

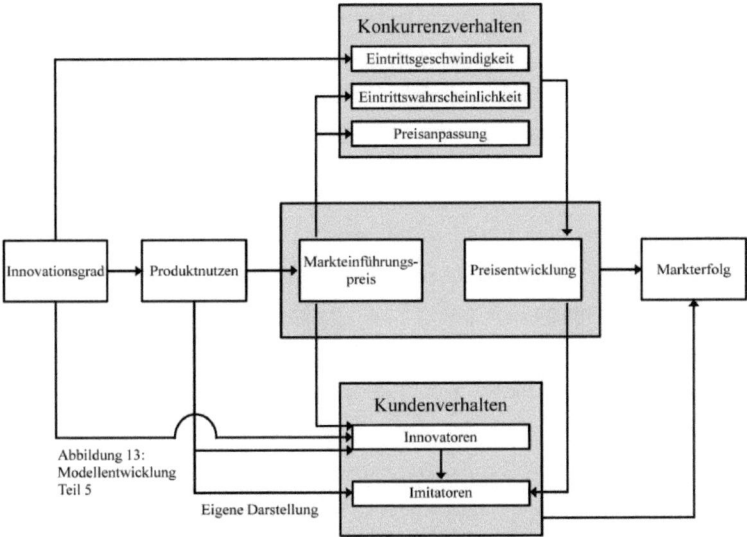

Abbildung 13:
Modellentwicklung
Teil 5

Eigene Darstellung

Das endgültige Modell gibt einen Überblick der Zusammenhänge zwischen dem Innovationsgrad, der Preisstrategie, dem Kunden- und Konkurrenzverhalten sowie dem Markterfolg einer Innovation. Es ermöglicht damit eine umfassende Betrachtung des Preismanagements von Innovationen.

5.2 Vorgehensweise

Das oben abgebildete Modell wird nun untersucht. Hierbei wird sich die Reihenfolge der untersuchten Zusammenhänge an der Mittelachse orientieren. Die einzelnen Punkte

- Innovationsgrad,

- Produktnutzen,

- Markteinführungspreis,

- Preisentwicklung und

- Markterfolg werden nacheinander abgehandelt.

Zuerst werden dafür die wichtigsten Punkte des Innovationsgrads und dessen Auswirkungen auf das Modell in Punkt 5.3 angeführt. Dazu wird der Innovationsgrad nochmals kurz erläutert, um die wichtigsten Punkte wieder ins Gedächtnis zu rufen. Den Anfang wird eine

Betrachtung der Abhängigkeit des Produktnutzens vom Innovationsgrad bilden(H1). Daraufhin werden die Auswirkungen des Innovationsgrad auf die Konkurrenzeintrittswahrscheinlichkeit untersucht. Abhängig von verschiedenen Ausprägungen des Innovationsgrades wird hier (H2a/b/c), eine Fallunterscheidungen getroffen.

Die Eintrittsgeschwindigkeit ist, wie schon erwähnt, von der Ausprägung des Innovationsgrads abhängig. Hierbei wird zum einen eine Unterscheidung zwischen der Technologie- und der Marktdimension getroffen, die jeweils andere Auswirkungen auf die Eintrittsgeschwindigkeit haben (vgl. u.a. Ali 2000, S. 151 ff.; Griffin 1993, S. 114). Zum anderen wird zwischen der Mikro- und Makroperspektive unterschieden. Falls ein Unternehmen eine Innovation aus Sicht der Makroperspektive entwickelt hat, ist es das erste Unternehmen, das eine bestimmte Technologie entwickelt oder einen neuen Markt schon erschlossen hat. Es besitzt also eine anfängliche Monopolstellung. Wenn die Innovation nur aus Sicht der Mikroperspektive neu ist, bedeutet dies, dass es automatisch Konkurrenz gibt, da die Innovation nur neu für das Unternehmen und dessen Kunden ist. Andere Firmen haben die Technologie schon entwickelt bzw. den Markt schon erschlossen (vgl. Garcia/Calantone 2002, S. 118 ff.).

Als letztes in dem Kapitel 5.3 wird das Verhältnis zwischen dem Innovationsgrad und den Innovatoren beleuchtet, wobei auch hier wieder eine Fallunterscheidung zwischen der Technologie- und Marktdimension getroffen wird (H3a/b/c).

Anschließend in Punkt 5.4 wird auf die Effekte des Produktnutzens eingegangen, dieser wirkt sich auf die Innovatoren (H4a), Imitatoren (H4b) und den Markteinführungspreis aus (H5) (vgl. u.a. Langerak/Hultink/Griffin 2008, S. 370 ff.; Dean 1950, S. 147).

Als nächstes in Kapitel 5.5 wird dann der Markteinführungspreis näher betrachtet, dieser ist, wie oben gezeigt, ein Bestandteil der Preisstrategie, welche den Kern des Modells bildet. Der andere Bestandteil der Preisstrategie ist die Preisentwicklung (vgl. Noble/Gruca 1999, S. 436). Der Markteinführungspreis beeinflusst zum einen das Kaufverhalten der Innovatoren (H6) (vgl. Dean 1950, S. 147 ff.) und zum anderen das Konkurrenzverhalten, speziell dessen Unterpunkte Eintrittswahrscheinlichkeit (H7a) und Preisanpassung (H7b) (vgl. Redmond 1989, S. 100 ff.).

Nachdem der Markteinführungspreis betrachtet wurde, geht der Abschnitt 5.6 auf die Preisentwicklung näher ein. Die Preisentwicklung wird von dem gesamten Konkurrenzverhalten beeinflusst (vgl. Eliashberg/Jeuland 1986, S. 20 ff.). Dieses besteht, wie oben erwähnt, aus den drei Unterpunkten Eintrittsgeschwindigkeit, Eintrittswahrscheinlichkeit und Preisanpassungen.

Mit Eintrittsgeschwindigkeit ist gemeint, wie schnell es der Konkurrenz möglich ist, eine ähnliche Innovation anbieten zu können. Dies ist vom Innovationsgrad abhängig, da dieser bestimmt, ob die Konkurrenz erst eine neue Technologie entwickeln oder einen neuen Markt erschließen muss, um ein Alternativprodukt zu verkaufen (vgl. u.a. Ali 2000, S. 151 ff.; Griffin 1993, S. 114).

Die Eintrittswahrscheinlichkeit beschreibt, wie hoch das Risiko ist, dass die Konkurrenz ein ähnliches Produkt entwickelt. Sie gibt also an, wie sehr die Konkurrenz Interesse hat, eine entsprechende Innovation in ihr Portfolio aufzunehmen. Der Faktor Preisanpassung gibt an, ob die Konkurrenz Preise aufgrund der Unternehmenshandlungen ändern (vgl. Redmond 1989, S. 100 ff.).

Die Eintrittswahrscheinlichkeit sowie die Preisanpassung werden von dem Markteinführungspreis und die Eintrittsgeschwindigkeit wird vom Innovationsgrad beeinflusst (vgl. Redmond 1989, S. 100 ff.; Ali 2000, S. 151 ff.; Griffin 1993, S. 114) Die drei Unterpunkte stellen in ihrer Gesamtheit das Konkurrenzverhalten dar, das sich auf die Preisentwicklung der Innovation auswirkt (H8) (vgl. Eliashberg/Jeuland 1986, S. 20 ff.).

Die Preisentwicklung wirkt sich wiederrum auf die Imitatoren aus (H9), da diese ein Produkt nicht zum Markteinführungspreis kaufen, sondern zu einem späteren Zeitpunkt, zu dem sich der Preis schon entwickelt hat (vgl. Dean 1950, S. 147 ff.). In dieses Kapitel wird außerdem noch die Auswirkung der Mundpropaganda durch Innovatoren auf die Imitatoren hin untersucht (H10).

In Punkt 5.7 wird der Markterfolg einer Innovation zunächst definiert und anschließend wird auf seine Einflussfaktoren eingegangen. Diese sind zum einen das gesamte Kundenverhalten und zum anderen die gesamte Preisstrategie (vgl. Horsky 1990, S. 343 ff.; Simon 2004, S. 3 ff.).

Das Kundenverhalten ist in Anlehnung an das Bass-Modell (vgl. Bass 2004) in zwei Kundengruppen unterteilt: die Innovatoren und die Imitatoren (vgl. Bass 2004, S. 1825 ff.).

Erstere werden durch den Produktnutzen, den Markteinführungspreis und den Innovationsgrad beeinflusst, wobei beim Innovationsgrad eine Fallunterscheidung zwischen Markt- und Technologiedimension getroffen wird. Die Imitatoren werden durch die Preisentwicklung, den Produktnutzen und durch die Mundpropaganda der Innovatoren geprägt (vgl. Dean 1950, S. 147 ff.; Langerak/Hultink/Griffin 2008, S. 370 ff.; Bridges/Yim/Briesch 1995, S.66 ff.; Chatterjee/Eliashberg 1990, S.1058 ff.). Die Innovatoren und die Imitatoren bilden zusammen die Nachfrage bzw. das gesamte Kundenverhalten und bestimmen damit den Absatz einer Innovation und somit auch deren Markterfolg (H11) (vgl. Bass 2004, S. 1825 ff.; Horsky 1990, S. 343 ff.). Einen enormen Einfluss auf den Umsatz hat der Preis einer Innovation. Die Preisstrategie hat daher Einfluss auf den Markterfolg (H12) (vgl. Simon 2004, S. 3 ff.). Dargestellt mit allen Hypothesen bildet sich das Modell wie in Abbildung 14 gezeigt ab:

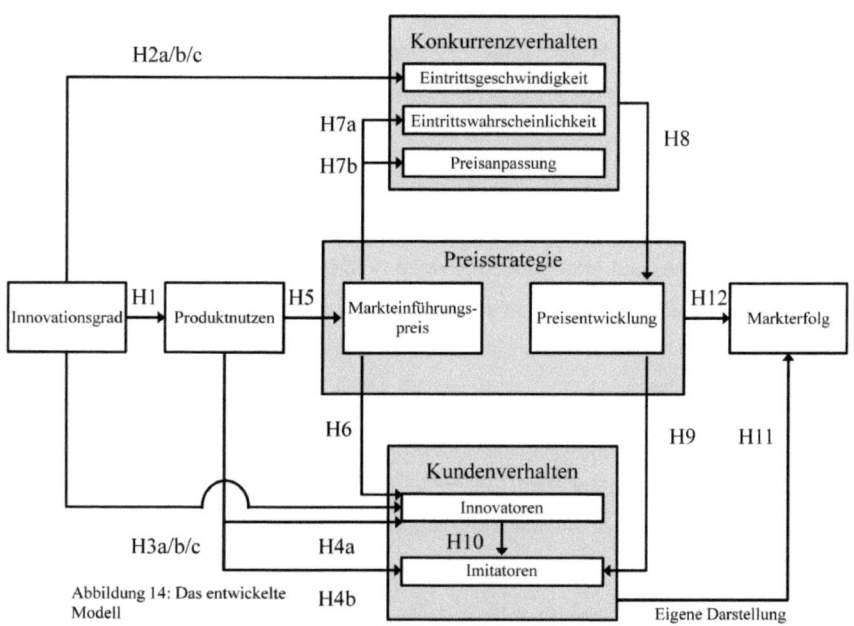

Abbildung 14: Das entwickelte Modell

Eigene Darstellung

5.3 Hypothesen zum Innovationsgrad

Der Innovationsgrad ist, wie in Kapitel 2.4 schon erläutert, als eine 2x2-Matrix dargestellt, wie man der Abbildung 1 entnehmen kann.

Die Spalten bilden eine Mikro- und eine Makroperspektive ab, die zeigt in welchem Rahmen die Innovation eine Neuheit darstellt. Die Zeilen geben an, um welche Art von Neuheit es sich handelt. Dabei wurde zwischen einer Markt- und einer Technologiedimension unterschieden. Diese Unterteilung stammt aus einer Metaanalyse, die mehrere Definitionen des Innovationsgrads bzw. der Innovativität auf einen gemeinsamen Nenner gebracht hat (vgl. Garcia/Calantone 2002, S. 112 ff.). Neu aus Sicht der Mikroperspektive bedeutet, dass die Innovation neu für das Unternehmen und dessen Kunden ist. Auf die Marktdimension bezogen bedeutet dies, dass das Unternehmen einen für sich selbst neuen Markt erschließt, der aber von anderen Unternehmen schon erschlossen wurde. Die Erschließung durch andere Unternehmen, also von Konkurrenz, wird durch die Mikroperspektive impliziert, denn wenn es keine Konkurrenz gäbe, wäre es ein komplett neuer Markt für die Wirtschaft und somit neu aus Sicht der Makroperspektive, wie man in der Abbildung 1 erkennen kann. Sobald etwas also nur neu aus Sicht der Mikroperspektive ist, existiert Konkurrenz, die den Markt schon erschlossen hat (vgl. Garcia/Calantone 2002, S. 118 ff.).

Dies kann analog auf die Technologiedimension übertragen werden. Eine Innovation, die aus Sicht der Mikroperspektive eine neue Technologie darstellt, ist nur neu für das Unternehmen und dessen Kunden, andere Unternehmen besitzen diese Technologie bereits (vgl. Garcia/Calantone 2002, S. 118 ff.).

Falls eine Innovation aus Sicht der Makroperspektive neu ist, ist sie für die gesamte Wirtschaft oder Branche neu. Daher gibt es kein anderes Unternehmen, das diese neue Technologie entwickelt bzw. diesen neuen Markt schon erschlossen hat. Eine Neuheit aus Sicht der Makroperspektive hat also eine anfängliche Monopolstellung des Innovationsentwicklers zur Folge (vgl. Garcia/Calantone 2002, S. 118 ff.).

Innovative Produkte zeichnen sich durch neue Technologien und/oder neu erschlossene Märkte aus (vgl. Garcia/Calantone 2002, S. 112 ff.). Die neuen Technologien eröffnen eine Vielzahl unterschiedlicher Vorteile. Sie ermöglichen unter anderem eine schnellere Produktion, eine höhere Produktqualität, Kostensenkungen oder bieten Lösungsansätze für bisher nicht behobene Probleme. Damit heben sich Innovationen von anderen Produkten ab und bieten diesen gegenüber Vorteilen. Je innovativer ein Produkt im Bezug auf seine Technologie ist, desto größer ist auch dessen Vorteil gegenüber anderen Produkten und dessen Einzigartigkeit (vgl. Kleinschmidt/Cooper 1991 S. 247 ff.; Veryzer 1998, S. 137 ff.). Dieser Vorteil gegenüber anderen Produkten generiert Nutzen für den Anwender der Innovation. Man kann also unterstellen, dass je innovativer ein Produkt mit Hinblick auf seine Technologie ist, desto höher ist auch der Produktnutzen, der von ihm ausgeht, (vgl. Veryzer 1998, S. 137 ff.).

Innovationen zeichnen sich ebenfalls durch neuerschlossene Märkte aus (vgl. Garcia/Calantone 2002, S. 118 ff.), beispielsweise, wie oben schon erwähnt, bei zivil genutzten Navigationsgeräten. Navigationsgeräte wurden zunächst nur für das Militär entwickelt, später jedoch zivil genutzt. Um einen Markt erschließen zu können, muss aber auch eine entsprechende Nachfrage vorhanden sein, die bisher unbefriedigt geblieben ist. In anderen Worten muss Marktpotential vorhanden sein. Innovationen, die einen bisher unerschlossenen Markt bedienen, ermöglichen es, ein bisher ungestilltes Bedürfnis zu befriedigen und somit Nutzen zu stiften (vgl. Henard/Szymanski 2001, S. 364 ff.).

Die Innovativität eines Produktes ist höher, wenn es nicht nur aus Sicht der Mikroperspektive, sondern auch aus Sicht der Makroperspektive neu ist. Dies impliziert im Falle der Marktdimension, dass der Markt noch von keinem anderen Unternehmen erschlossen wurde (vgl. Garcia/Calantone 2002, S. 118 ff.). Je unerschlossener ein Markt ist, desto größer ist die Nachfrage nach Produkten, die den Bedarf decken können. Innovationen, die dies leisten können, haben also einen hohen Nutzen, da sie es als einzige vermögen, die Nachfrage zu befriedigen. Je höher also der Innovationsgrad eines Produkts innerhalb der Marktdimension ist, desto höher ist daher auch sein Nutzen (vgl. Veryzer 1998, S. 138). Der Nutzen einer Innovation ist daher umso höher, je stärker die Technologie- und Marktdimension ausgeprägt sind (vgl. Kleinschmidt/Cooper 1991 S. 247 ff.; Veryzer 1998, S. 137 ff.). Aufgrund dieser Tatsache kann die Hypothese aufgestellt werden:

H1: Der Innovationsgrad wirkt sich positiv auf den Produktnutzen einer Innovation aus.

Als Nächstes wird der Einfluss des Innovationsgrads auf die Eintrittsgeschwindigkeit der Konkurrenz aufgezeigt. Die Konkurrenzeintrittsgeschwindigkeit beschreibt, wie schnell potentielle Konkurrenten ein ähnliches Produkt auf den Markt bringen bzw. entwickeln können oder – anders formuliert – Markteintrittsbarrieren überwinden können (vgl. Lilien/Yoon 1990, S. 571). Dies ist von entscheidender Bedeutung für ein Unternehmen, denn die Eintrittsgeschwindigkeit bestimmt die Zeit, in der die Innovation eine Monopolstellung auf dem Markt inne hat. In dieser Zeit können durch die Monopolstellung zusätzliche Gewinne erzielt werden, was sehr positiv für ein Unternehmen ist (vgl. Eliashberg/Jeuland 1986, S. 20 ff.).

Dabei können verschiedene Fallunterscheidungen getroffen werden. Zum einen kann zwischen der Markt- und der Technologiedimension und zum anderen zwischen der Mikro- und Makroperspektive unterschieden werden (Garcia/Calantone 2002, S. 118 ff.). Zuerst wird eine Fallunterscheidung bezüglich der Mikro- und Makroperspektive getroffen. Die Mikroperspektive bezieht sich auf das Unternehmen, falls ein Produkt also aus Sicht der Mikroperspektive neu ist, ist es für das Unternehmen und dessen Kunden neu.

Die Makroperspektive ist vom Unternehmen unabhängig und gibt wieder, ob eine Innovation neu für die Branche, Wirtschaft oder Welt ist. Wenn eine Innovation für die Branche, Wirtschaft oder Welt neu ist, muss sie auch neu für ein jedes Unternehmen sein. Ein Produkt, das im Sinne der Makroperspektive neu ist, ist entsprechend auch immer im Sinne der Mikroperspektive neu (Garcia/Calantone 2002, S. 112 ff.).

Für den Fall, dass ein Produkt zwar aus Sicht der Mikroperspektive neu ist, dies aber nicht für die Makroperspektive gilt, ergibt sich die folgende Situation: Ein Produkt ist neu für ein Unternehmen und dessen Kundschaft, aber nicht für die gesamte Branche, Wirtschaft oder Welt. Das heißt, ein solches Produkt existiert bereits und wird schon von anderen Unternehmen vertrieben. Wenn also ein Produkt „nur" neu aus Sicht der Mikroperspektive ist, bedeutet dies automatisch, dass Konkurrenz vorhanden ist. Auf die Marktdimension bezogen heißt das, dass der Markt schon von anderen Unternehmen erschlossen ist. Für den Fall der Technologiedimension folgt, dass eine Technologie schon von anderen Unternehmen erforscht wurde. Wenn ein Produkt alleine aus Sicht der Mikroperspektive neu ist, ist immer impliziert, dass dieses Produkt Konkurrenzprodukte hat (Garcia/Calantone 2002, S. 118 ff.).

Mit Hilfe einer derartigen Innovation kann daher nie eine vorrübergehende reine Monopolstellung durch die Erschließung eines neuen Marktes erreicht werden. Auch eine monopolistische Konkurrenz ist nicht möglich, wenn es sich nur um eine "Marktinnovation" im Sinne der Mikroperspektive handelt, da sich eine solche nicht technisch von Konkurrenzprodukten abhebt. Damit stellt eine "Marktinnovation" ein homogenes Produkt dar, wodurch keine monopolistische Konkurrenz möglich ist (vgl. Homburg/Krohmer 2009, S.217 ff.).

Auf die Technologiedimension bezogen kann nur eine monopolistische Konkurrenz erreicht werden, wenn das vom Unternehmen entwickelte Produkt besser als die bereits vorhandenen Konkurrenzprodukte ist (vgl. Homburg/Krohmer 2009, S.217 ff.).

Das generelle Erreichen einer Monopolstellung ist daher nur mittels einer, aus Sicht der Makroperspektive, neuen Innovation möglich. Bezogen auf die Mikroperspektive ist eine reine Monopolstellung immer ausgeschlossen, es kann in der Mikroperspektive höchstens eine monopolistische Konkurrenz erreicht werden (vgl. Homburg/Krohmer 2009, S.217 ff.). Dies ist allerdings nie durch die Marktdimension möglich, da sich die Innovation nicht von den Konkurrenzprodukten abhebt, sondern nur durch die Technologiedimension, wobei das Produkt allerdings besser als vorhandene Konkurrenzprodukte sein muss. Diese monopolistische Konkurrenz ist allerdings nur ein sehr kurzer Zustand, da die vorhandene Konkurrenz bemüht sein wird, ihre Marktposition zu verteidigen und die Entwicklung einer entsprechenden Innovation nicht sehr lange dauert (vgl. u.a. Ali 2000, S. 151 ff.; Griffin 1993, S. 114).

In Bezug auf die Konkurrenzeintrittsgeschwindigkeit kann man also nur aus Sicht der Makroperspektive generelle Aussagen zur Konkurrenzeintrittsgeschwindigkeit treffen. Die weitere Fallunterscheidung zwischen Markt- und Technologiedimension bezieht sich daher ausschließlich auf die Makroperspektive.

Die Konkurrenzeintrittsgeschwindigkeit misst, wie viel Zeit die Konkurrenz braucht, um ein Produkt in einen Markt einzuführen. Diese Zeit wird unter anderem als time-to-market oder cycle time definiert. Sie beschreibt, wie lange ein Unternehmen von Beginn der Ideengenerierung bis zur Einführung in den Markt braucht (vgl. Messica/Mehrez 2002, S. 371 ff.; Langerak/Hultink/Griffin 2008, S. 372). Allgemein kann unterstellt werden, dass zwischen dem Innovationsgrad und der Entwicklungsdauer eines Produkts ein positiver Effekt besteht. Das heißt, je innovativer ein Produkt ist, desto länger dauert seine Entwicklung (vgl. Ali 2000, S. 159 ff.).

Wenn ein Produkt aus Sicht der Technologiedimension neu ist, muss ein Konkurrenzunternehmen diese Technologie ebenfalls entwickeln, um sie in einen Markt einführen zu können. Für diese Entwicklungszeit benötigt es Zeit, die je nach Unternehmen und Produkt unterschiedlich lang ist. Generell ist die Tendenz erkennbar, dass die Produktentwicklungs- und Markteinführungszeiten immer kürzer werden (vgl. Griffin 1993, S. 114). Dadurch wird die Zeit einer vorübergehenden Monopolstellung allmählich kürzer.

Nun muss man zwischen der Entwicklungszeit und der Kommerzialisierung unterscheiden, wobei Kommerzialisierung die Zeit ist, die man benötigt, ein Produkt in den Markt einzuführen (vgl. Mansfield 1988, S. 1157 ff.).

Für Innovationen, die nur im Sinne der Technologiedimension neu sind, benötigt man die gesamte Entwicklungszeit und einen gewissen Anteil der Zeit ein Produkt in den Markt einzuführen. Die Markteinführungszeit reduziert sich, da der Markt schon erschlossen ist. Das Unternehmen hat also alle nötigen Maßnahmen zur Markterschließung für andere Produkte schon getroffen (vgl. Griffin 1993, S. 114 ff.).

Wenn eine Innovation im Sinne der Marktdimension neu ist, braucht man die gesamte Markteinführungszeit sowie einen Anteil der Entwicklungszeit. Die Vertriebsstrukturen bestehen nicht und müssen neu erschlossen werden. Die Entwicklungszeit verkürzt sich, da die Technologie schon vorhanden ist, allerdings muss aus der Technologie noch ein Produkt entwickelt werden, wodurch eine gewisse Entwicklungszeit trotzdem von Nöten ist. Dabei dauert die Entwicklungszeit einer Innovation länger als die Kommerzialisierung. Auf den Innovationsgrad bezogen bedeutet dies, dass die Konkurrenz länger braucht, eine Innovation im Sinne der Technologiedimension zu entwickeln, als eine Innovation im Sinne der Marktdimension in den Markt einzuführen (vgl. Griffin 1993, S. 114 ff.).

Dies wird noch durch den Effekt verstärkt, dass neue Technologien durch Patente geschützt werden können. Dies verringert die Konkurrenzeintrittsgeschwindigkeit zusätzlich, da patentierte Erfindungen nicht ohne Erlaubnis benutzt werden dürfen (vgl. PatG §§1; 9,1). Konkurrenten können daher im Allgemeinen schneller "Markt-Innovationen" als "Technologie-Innovationen" anbieten. Aufgrund dieser Umstände können die Hypothesen formuliert werden:

H2a: Die Technologiedimension des Innovationsgrads (aus Sicht der Makroperspektive) verlangsamt die Konkurrenzeintrittsgeschwindigkeit stark.

H2b: Die Marktdimension des Innovationsgrads (aus Sicht der Makroperspektive) verlangsamt die Konkurrenzeintrittsgeschwindigkeit nur schwach.

Falls eine Innovation innerhalb beider Dimensionen neu ist, müsste ein Konkurrenzunternehmen den neuen Markt erschließen und die neue Technologie entwickeln. Da dies aufeinanderfolgende Tätigkeiten sind, die sich nur in gewissem Maße simultan durchführen lassen, führt dies zu einer nochmals verlangsamten

Konkurrenzeintrittsgeschwindigkeit. Man kann also sagen, dass sich die Effekte der Markt- und Technologiedimension addieren (vgl. Mansfield 1988, S. 1157 ff.; Griffin 1993, S. 114). Daher kann die Hypothese aufgestellt werden:

H2c: Wenn eine Innovation aufgrund beider Dimensionen (aus Sicht der Makroperspektive), also der Markt- und Technologiedimension, neu ist, verlangsamt sich die Konkurrenzeintrittsgeschwindigkeit sehr stark.

Wenn man diese Ergebnisse auf die Marktform bezieht und alles graphisch veranschaulicht, ergibt sich die Abbildung 15:

	Mi.	Ma
Mar.	X	X
Tec.	X	X

Bei dieser Ausprägung ist die Konkurrenzeintrittsgeschwindigkeit sehr stark verlangsamt. Dadurch ergibt sich bei einer derartigen Innovation eine sehr lange reine Monopolstellung.

	Mi.	Ma
Mar.		.
Tec.	X	X

Hier ist die Konkurrenzeintrittsgeschwindigkeit aus den oben angeführten Gründen stark verlangsamt. Damit ergibt sich eine lange reine Monopolstellung.

	Mi.	Ma
Mar.	X	X
Tec.		

Falls der Innovationsgrad in dieser Form ausgeprägt ist, wird die Konkurrenzeintrittsgeschwindigkeit kaum verlangsamt. Die Zeit einer reinen Monopolstellung ist also nur kurz.

	Mi.	Ma
Mar.		.
Tec.	X	

Für diese Form der Ausprägung ist eine reine Monopolstellung nicht möglich, es kann höchstens eine monopolistische Konkurrenz erreicht werden, falls die Innovation Vorteile gegenüber den Konkurrenzprodukten aufweist.

	Mi.	Ma
Mar.	X	.
Tec.		

In diesem Fall ist weder eine reine Monopolstellung noch eine monopolistische Konkurrenz möglich, da sich die Innovation nicht von Konkurrenzprodukten abhebt.

Eigene Darstellung
Abbildung 15:
Ausprägungen des
Innovationsgrads

Der nächste Effekt, der im Rahmen dieses Modells untersucht wird, ist der Einfluss des Innovationsgrads auf die Innovatoren. Die Innovatoren können wie in Kapitel 4.3.1 charakterisiert werden. Sie werden als abenteuerlich, risikofreudig und technikinteressiert dargestellt. Sie haben einen höheren sozialen Status und entsprechende Mittel, um sich Innovationen leisten zu können und darüber auch einen Verlust, der entstehen könnte, falls die Innovation nicht hält, was sie verspricht (vgl. Rogers 1995, S. 263 ff.). Innovatoren kaufen eine Innovation in der Regel sofort, wenn sie auf den Markt kommt (vgl. Chatterjee/Eliashberg 1990, S.1064 ff.). Das Adaptionsverhalten generell ist darüber hinaus von den Erwartungen, der Verlustaversion und der Preiselastizität abhängig (vgl. Homburg/Krohmer 2009, S. 658 ff.; Bridges/Yim/Briesch 1995, S.66 ff.). Führt man diese beiden Definitionen der Innovatoren zusammen, muss man, um Innovatoren zum Kauf zu bewegen, deren Erwartungen übertreffen oder zumindest erfüllen (vgl. Rogers 1995, S. 263 ff.; Chatterjee/Eliashberg 1990, S.1064 ff.).

Diese Erwartungen sind auf Informationen aufgebaut, die die einzelnen Personen im Zeitverlauf bezüglich einer Innovation erfahren haben. Sie bilden sich auf der Grundlage vergangener Erlebnissen und Erfahrungen und somit auf den Produkten bzw. der Technologie, die schon auf dem Markt erwerbbar sind (vgl. Chatterjee/Eliashberg 1990, S.1058 ff.). Bei einer Innovation sind vor allem Erwartungen bezüglich der Technologie und des Preises relevant. Die Erwartungen bilden sich auf Basis der Technologie und des Preises des Produkts, des Markennamens und der vorherigen Präsenz auf dem Markt. Falls diese Erwartungen übertroffen werden, wenn also die Technologie besser und/oder der Preis niedriger ist, neigen Kunden eher dazu, ein Produkt zu erwerben (vgl. Bridges/Yim/Briesch 1995, S.66 ff.).

Aufgrund der Einflüsse des Markennamens und der vorherigen Präsenz auf dem Markt muss man eine Fallunterscheidung zwischen der Markt- und Technologiedimension treffen (vgl. Bridges/Yim/Briesch 1995, S.66 ff.). Denn eine Innovation auf Basis der Marktdimension hat zur Folge, dass das Unternehmen in diesem Markt noch keine Präsenz besitzt. Je höher also die Innovativität aus Sicht der Marktdimension ist, desto geringer ist die Präsenz des Produkts und des Unternehmens. Dies hat einen negativen Effekt auf die Bekanntheit des Produkts, wodurch die positiven Auswirkungen des Markennamens bzw. Images gemindert werden (vgl. Bridges/Yim/Briesch 1995, S.66 ff.).

Die Erwartungen der Kunden richten sich im Fall der Mikroperspektive an den Produkten der Konkurrenz aus und im Fall der Makroperspektive besitzt ein Kunde überhaupt keine Erfahrungen und somit Erwartungen bezüglich eines Produkts. Dies hat eine Unsicherheit des Kunden zur Folge, was die Kaufwahrscheinlichkeit verringert. Diese Unsicherheit ist umso stärker, je geringer der Kunde das Produkt einschätzen kann (vgl. Chatterjee/Eliashberg 1990, S.1058 ff.). Die Einschätzbarkeit sinkt mit dem Grad der Neuheit, also dem Innovationsgrad eines Produkts (vgl. Garcia/Calantone 2002, S. 112 ff.). Je höher also die Innovativität eines Produkts bezogen auf die Marktdimension ist, desto niedriger ist die Kaufwahrscheinlichkeit eines Produkts, aufgrund der steigenden Unsicherheit bezüglich des Produkts (vgl. Chatterjee/Eliashberg 1990, S.1058 ff.). Somit ergibt sich folgende Hypothese:

H3a: Die Ausprägung der Marktdimension des Innovationsgrads hat einen negativen Einfluss auf die Adaption durch Innovatoren.

Für die Technologiedimension einer Innovation ergibt sich das gegenteilige Bild. Hier besitzt das Unternehmen Marktpräsenz und kann diesen positiven Effekt ausnutzen. Dieser verbessert die Adaption durch Kunden und erhöht die Kaufwahrscheinlichkeit (vgl. Bridges/Yim/Briesch 1995, S.66 ff.). Als Referenzen für die technischen Erwartungen werden die bereits erhältlichen Produkte genommen. Je besser eine Innovation im Verhältnis zu diesen abschneidet, desto positiver ist dessen Bewertung. Eine Bewertung ist also proportional zu der Differenz zwischen Erwartung und tatsächlichem Produkt. Werden die Erwartungen übertroffen, bildet sich eine positive Bewertung. Ist das Produkt schlechter als die Erwartungen der Kunden bezüglich des Produkts, fällt seine Beurteilung negativ aus (vgl. Bridges/Yim/Briesch 1995, S.66 ff.).

Eine Innovation auf Basis der Technologiedimension bietet eine neue Technologie an. Diese wird gegenüber der alten Technologie Vorteile aufweisen, da sie sonst nicht entwickelt worden wäre. Damit bieten auch Produkte, die auf dieser neuen Technologie basieren, Vorteile gegenüber Produkten, die noch die veraltete Technologie nutzen. Dieser Vorteil wird umso größer sein, je innovativer ein Produkt ist (vgl. Kleinschmidt/Cooper 1991 S. 247 ff.; Veryzer 1998, S. 137 ff.). Der Vorteil hat eine positive Abweichung zwischen Erwartung und Produkt zur Folge, womit ausgedrückt wird, dass ein Produkt die an es gestellten Erwartungen übertroffen hat. Je innovativer ein Produkt ist, desto größer ist dieser Effekt. Da übertroffene Erwartungen zu einer erhöhten Kaufwahrscheinlichkeit führen (vgl. Bridges/Yim/Briesch 1995, S.66 ff.), kann man folgern:

H3b: Die Ausprägung der Technologiedimension des Innovationsgrads hat einen positiven Einfluss auf die Adaption durch Innovatoren.

Die Markt- und Techologiedimension des Innovationsgrads haben also einen genau gegenteiligen Effekt auf die Adaption durch die Innovatoren. Falls der Effekt auftritt, dass eine Innovation sowohl im Sinne der Markt- als auch Technologiedimension neu ist, wirken beide Effekte entgegengesetzt. Die positiven Auswirkungen der Technologiedimension wurden unter der Annahme getroffen, dass ein Unternehmen schon in einem Markt bekannt ist, was allerdings nicht der Fall ist, wenn eine Innovation bezüglich beider Dimensionen neu ist. Daher wirken hier nur die negativen der Marktdimension geschuldeten Effekte und nicht die positiven Effekte der Technologiedimension (vgl. Bridges/Yim/Briesch 1995, S.66 ff.). Für den Fall, dass beide Dimensionen ausgeprägt sind, ergibt sich daher die Hypothese:

H3c: Falls sowohl die Markt- als auch die Technologiedimension ausgeprägt sind, hat dies einen negativen Einfluss auf die Adaption durch Innovatoren.

5.4 Hypothesen zum Produktnutzen

Dieses Kapitel wird sich mit den Auswirkungen des Produktnutzens beschäftigen, dabei wird zunächst die Wirkung auf Innovatoren sowie Imitatoren untersucht. Anschließend wird näher auf die Beziehung zwischen dem Produktnutzen und dem möglichen Markteinführungspreis eingegangen. Hält man sich die Annahme aus der klassischen Preistheorie vor Augen, dass Nachfrager mit einem begrenzten Budget ihren Nutzen maximieren wollen, erscheint es logisch, dass Produkte mit einem hohen Nutzen eher gekauft werden als Produkte mit einem niedrigen Nutzen (vgl. u.a. Homburg/Koschate 2005, S. 384; Thommen/Achleitner 2006, S. 227 ff.). Die Wahl, ob ein Produkt gekauft wird, hängt von dessen Nutzen bzw. dessen Vorteil gegenüber Konkurrenzprodukten ab (vgl. Horsky 1990, S. 363). Es konnte auch festgestellt werden, dass sich der Produktvorteil bzw. Produktnutzen positiv auf den Absatz eines Produktes auswirkt (vgl. Langerak/Hultink/Griffin 2008, S. 370 ff.). Es konnte ebenfalls ein positiver Zusammenhang zwischen dem Produktvorteil und dem Produkterfolg nachgewiesen werden (vgl. Henard/Szymanski 2001, S. 368 ff.). Der Produkterfolg ist dabei abhängig von der abgesetzten Menge. Insgesamt kann man aufgrund der klassischen Preistheorie und auch zahlreicher wissenschaftlicher Artikel bzw. Studien (vgl. u.a. Langerak/Hultink/Griffin 2008, S. 370ff; Henard/Szymanski 2001, S. 368ff; Horsky 1990, S. 363; Ingenbleek/Frambach/Verhallen 2010, S. 1032 ff.) darauf schließen, dass sich der Produktnutzen positiv auf den Absatz auswirkt. Durch einen hohen Produktnutzen entstehen dem Käufer des Produkts Vorteile, die umso größer sind, je mehr Nutzen ein Produkt stiftet. Dieser Vorteil bzw. Nutzen stellt einen Kaufanreiz dar und erhöht somit die Kaufwahrscheinlichkeit eines Produkts. Allerdings muss man hierbei auch berücksichtigen, dass dieser Produktnutzen den Käufern auch mitgeteilt wird, sodass diese ihn auch wahrnehmen (vgl. Chatterjee/Eliashberg 1990, S. 1064 ff.). Diese Annahme kann man für die gesamte Nachfrageseite verallgemeinern, also in gleichem Maß auf Innovatoren und Imitatoren anwenden, wobei die Auswirkungen auf Imitatoren noch stärker sind, weil diese den Nutzen stärker in ihre Überlegung bezüglich eines Kaufs mit einfließen lassen. Der Produktnutzen wirkt in der Persuasion-Phase des Adaptionsprozesses auf den Käufer ein laut. Ein Kunde wird daher durch den Produktnutzen von einer Innovation überzeugt (vgl. Rogers 1995, S. 264 ff.). Daher ergeben sich die Hypothesen:

H4a: Der Produktnutzen hat einen positiven Einfluss auf die Adaption durch Innovatoren.

H4b: Produktnutzen hat einen positiven Einfluss auf die Adaption durch Imitatoren.

Der folgende Abschnitt wird sich mit der Auswirkung des Produktnutzens auf den Markteinführungspreis beschäftigen. Hierbei ist der Markteinführungspreis neben der Preisentwicklung ein Bestandteil der Preisstrategie. Der Markteinführungspreis muss als relatives Preisniveau angesehen werden, zu dem ein Produkt in den Markt eingeführt wird (vgl. Noble/Gruca 1999, S. 436).Für neue Produkte bzw. Innovationen bieten sich zwei grundlegende Preisstrategien an: Die Skimmingstrategie und die Penetrationsstrategie. Bei der Skimmingstrategie ist der Markteinführungspreis hoch angesetzt, bei der Penetrationsstrategie niedrig (vgl. u.a. Dean 1950, S. 147 ff.).

Wie schon in der klassischen Preistheorie beschrieben, versuchen Nachfrager mit einem begrenzten Budget, ihren Nutzen zu maximieren (vgl. u.a. Homburg/Koschate 2005, S. 384; Thommen/Achleitner 2006, S. 227 ff.). Je höher der Nutzen eines Produkts ist, desto höher kann man auch den Preis setzen, den man für ein Produkt verlangen kann. Der mögliche Maximalpreis steigt also mit dessen Nutzen an (vgl. u.a. Dean 1950, S. 147 ff.). Durch einen hohen Produktvorteil bzw. Produktnutzen hebt sich ein Produkt von den Konkurrenzprodukten ab. Das Produkt ist im Vergleich mit anderen heterogen, also unterscheidbar. Dadurch entwickeln sich auf der Nachfrageseite Präferenzen für das Produkt, d.h. Kunden bevorzugen ein bestimmtes Produkt im Vergleich zu anderen Produkten. Das Produkt hat in gewissem Umfang aufgrund seines Nutzens bzw. Vorteils keine Konkurrenz, wodurch das Unternehmen das Produkt zu einem höheren Preis anbieten kann (vgl. Redmond

1989, S. 99 ff., Homburg/Krohmer 2009, S. 216 ff.). Man kann also sagen, dass, je höher der Produktnutzen und somit der Wert für den Kunden ist, umso höher kann man den Preis für ein Produkt setzen (vgl. u.a. Ingenbleek et al. 2003, S. 290 ff.). Ein hoher Produktnutzen bzw. Vorteil wird auch als Voraussetzung für eine Skimmingstrategie gesehen, die, wie schon erläutert, mit einem hohen Einführungspreis startet (vgl. Noble/Gruca 1999, S. 439 ff.).Daraus leitet sich die Hypothese ab:

H5: Der Produktnutzen hat einen positiven Einfluss auf die maximal mögliche Höhe des Markteinführungspreises.

Aus der Hypothese H1 in Verbindung mit der Hypothese H5 ergibt sich ein indirekter Einfluss des Innovationsgrads auf den Markteinführungspreis. Da beide Hypothesen jeweils positive Einflüsse beschreiben, lässt sich auch ein indirekter, positiver Einfluss des Innovationsgrads auf die mögliche Höhe des Markteinführungspreises unterstellen. Der Innovationsgrad eines Produkts hat also einen positiven Einfluss auf die mögliche Höhe des Markteinführungspreises.

Führt man sich nun vor Augen, dass ein hoher Markteinführungspreis eine Voraussetzung für eine Skimmingstrategie ist (vgl. Noble/Gruca 1999, S. 439 ff.), kann man eine Verbindung zwischen Innovationsgrad und Skimmingstrategie herstellen. Ein Produkt mit hohem Innovationsgrad ist wegen seines großen Nutzens für eine Skimmingstrategie prädestiniert.

5.5 Hypothesen zum Markteinführungspreis

Der Markteinführungspreis ist, wie oben schon erwähnt, ein Teil der Preisstrategie, er stellt den Preis eines Produkts am Anfang dessen Lebenszyklus' dar. Der Markteinführungspreis wird dann im Laufe der Zeit durch die Preisentwicklung verändert. Somit betrifft er nur die ersten Käufer eines Produkts, also die Innovatoren. Spätere Käufer werden nicht mehr vom Markteinführungspreis, sondern von der Preisentwicklung beeinflusst (vgl. u.a. Noble/Gruca 1999, S. 436; Dean 1950, S. 147 ff.). Neben den Innovatoren wirkt sich der Markteinführungspreis auch auf Teile des Konkurrenzverhaltens aus, genauer gesagt auf die Eintrittswahrscheinlichkeit und auf die Preisanpassungen der Konkurrenz (vgl. Redmond 1989, S. 99 ff.).

Zunächst werden die Auswirkungen des Markteinführungspreises auf die Innovatoren behandelt. Generell muss zunächst festgehalten werden, dass sich der hier behandelte Markteinführungspreis am Produktnutzen ausrichtet, wie man dem Modell entnehmen kann.

Die Zahlungsbereitschaft des Kunden ist, wie in der klassischen Preistheorie beschrieben, abhängig vom Produktnutzen (vgl. Thommen/Achleitner 2006, S. 228). Sie ist der wichtigste Faktor bei der Bestimmung des Markteinführungspreises, denn wenn der Markteinführungspreis die Zahlungsbereitschaft übersteigt, wird der Kunde das Produkt nicht kaufen. Da der Markteinführungspreis grundsätzlich nur die Innovatoren beeinflusst, muss man ihn an deren Zahlungsbereitschaft anpassen. Diese dürfte relativ hoch sein, da Innovatoren auf der einen Seite sehr technikaffin sind und auf der anderen Seite über die entsprechenden Mittel verfügen (vgl. Rogers 1995, S. 263 ff.).

Allerdings sind die Zahlungsbereitschaften auch unter den Innovatoren unterschiedlich. Mit steigendem Preis wird dabei die Gruppe der Innovatoren kleiner, deren Zahlungsbereitschaft über dem Markteinführungspreis liegt. Die Beziehung zwischen Preis und Absatz bildet die Preis-Absatz-Funktion ab. Sie beschreibt, wie sich die Nachfrage aufgrund von Preisanpassungen verändert. Wie in den theoretischen Grundlagen beschrieben, gibt es verschiedene Typen bzw. Formen von Preis-Absatz-Funktionen. Diese zu kennen, ist entscheidend, da nur so Umsatz optimiert werden kann (vgl. Simon 1992, S. 100 ff.; Homburg/Krohmer 2009, S. 653 ff.).

Die Steigung der Preis-Absatz-Funktion ist als Nachfrageelastizität formuliert, diese entscheidet ob eine Preiserhöhung zu einem höheren oder niedrigeren Umsatz führt (vgl. Homburg/Krohmer 2009, S. 651 ff.). Speziell für den Fall von neuen Produkten bzw. Innovationen spielt der von Bass (2004, S. 1826 ff.) eingeführte Innovationskoeffizient eine wichtige Rolle. Dieser beschreibt, wie wahrscheinlich es ist, dass eine Innovation erworben wird. Dieser Koeffizient wurde mit der Preisstrategie in Verbindung gebracht. Über diesen Koeffizienten konnte die Diffusion bezüglich verschiedener Preise und somit das Umsatzmaximum bzw. die optimale Preisstrategie bestimmt werden (vgl. Robinson/Lakhani 1975, S.1113 ff.).

Diese Zusammenhänge lassen sich über unterschiedliche Maßnahmen verändern. Diese Maßnahmen beruhen teilweise auf psychologischen Phänomenen, mit denen sich die Behavioral-Pricing-Forschung beschäftigt. Diese Einflussfaktoren, die schon in Kapitel 4.2 aufgeführt wurden, beeinflussen die Auswirkungen des Markteinführungspreises auf das Verhalten der Innovatoren (vgl. Homburg/Koschate 2005a, S. 384 ff.).

Ein Effekt, der in Bezug auf das Verhältnis zwischen Preis und Absatz sehr wichtig ist, ist die sogenannte Preisschwelle. An diesen Preisschwellen treten Sprünge in der Preis-Absatz-

Funktion auf. Das Überschreiten eines bestimmten Preises bzw. einer Preisschwelle führt dann zu überproportionalen Absatzeinbrüchen (vgl. Gedenk/Sattler 1999, S. 51). Bei der Setzung des Markteinführungspreises muss also darauf geachtet werden, dass dieser unterhalb einer Preisschwelle liegt.

Erwartungen spielen ebenfalls eine große Rolle in Bezug auf Markteinführungspreise. Genauso wie die Erwartungen der Innovatoren an die Technologie eine Rolle gespielt haben, spielen auch die Preiserwartungen eine Rolle bezüglich des Adaptionsverhaltens (vgl. Bridges/Yim/Briesch 1995, S. 65 ff.). Diese Preiserwartungen werden in der Behavioral-Pricing-Forschung als Referenzpreise konzeptionalisiert. Referenzpreise sind, wie in Kapitel 4.2.2.2 beschrieben, Bezugsgrößen, die sich aufgrund vergangener Erfahrungen gebildet haben und mit denen ein Kunde Preise von Produkten beurteilt (vgl. Biswas/Blair 1991, S.1; Homburg/Koschate 2005, S. 394). Preiserwartung und Referenzpreise können in diesem Zusammenhang synonym verwendet werden. Wie bei den Technologieerwartungen kommt es auch bei den Preiserwartungen auf die Differenz zwischen Erwartung und Wirklichkeit an. Ein niedrigerer Preis, als vom Kunden erwartet, führt bei diesem zu einem gefühlten Gewinn. Er muss weniger zahlen, als er erwartet hatte. Dies führt zu einer erhöhten Kaufwahrscheinlichkeit (vgl. Bridges/Yim/Briesch 1995, S. 66 ff.).

Die Referenzpreise determinieren in gewissem Umfang die Zahlungsbereitschaft der Kunden. Man kann bei Referenzpreisen zwischen internen und externen Referenzpreisen unterscheiden (vgl. Della Bitta/Monroe/McGinnis 1981, S. 416ff; Rajendran/Tellis 1994, S. 23). Interne Referenzpreise bilden sich aufgrund vergangener Erfahrungen (vgl. Biswas/Blair 1991, S.1), derartige Referenzpreise können sich bei Innovationen aufgrund ihrer Neuartigkeit noch nicht gefestigt haben. Je neuer und innovativer ein Produkt ist, desto verschwommener und ungefestigter ist die Preisvorstellung des Kunden. Entsprechend ist der Kunde was den Preis einer Innovation betrifft unerfahren und damit auch unsicher, denn er konnte sich noch kein objektives Bild vom Preis machen. Der interne Referenzpreis ist also nicht etabliert und somit beeinfluss- bzw. veränderbar und über diesen dann auch die Zahlungsbereitschaft der Innovatoren (vgl. Park/MacLachlan/Love 2011, S. 3 ff.). Auf den Punkt gebracht, kann man sagen, dass, je höher der Innovationsgrad eines Produkts ist, desto mehr kann man den Referenzpreis verändern und damit auch die Kaufwahrscheinlichkeit und die Zahlungsbereitschaft.

Um diesen Effekt nochmals klarer zu machen wird kurz ein Beispiel angeführt. Angenommen, ein Unternehmen bringt ein völlig neues Produkt für 110€ auf den Markt und liefert dazu eine unverbindliche Preisempfehlung von 150€. Diese Preisempfehlung dient dazu, den Referenzpreis des Kunden zu erhöhen. Ein Kunde überlegt sich nun, ohne zunächst den Preis zu kennen, wie viel er für das neue Produkt ausgeben würde (beispielsweise 100€). Wenn der Kunde dann den Preis des Produkts erfährt, stellt er fest, dass der Preis über seiner Zahlungsbereitschaft liegt. Somit würde er das Produkt normalerweise nicht kaufen. Da es aber völlig neu ist, ist der Kunde unsicher, ob seine niedrige Preisvorstellung angebracht ist oder ob er seine Preisvorstellung nicht korrigieren sollte. Dafür sucht er nach neuen Informationen, die er in der unverbindlichen Preisempfehlung findet. Wenn er nun die unverbindliche Preisempfehlung sieht, treten zwei Effekte ein. Zum ersten wird er seine Preisvorstellung und damit seine Zahlungsbereitschaft nach oben korrigieren und zum zweiten wird er erkennen, dass das Produkt im Vergleich zur unverbindlichen Preisempfehlung günstig ist, was zu einer erhöhten Kaufwahrscheinlichkeit führt (vgl. Park/MacLachlan/Love 2011, S. 3 ff.).

Ein weiterer Faktor, der insbesondere bei Innovationen auftritt, ist, dass der Preis als Indikator für die Qualität verwendet wird. Dies ist verstärkt der Fall, wenn Kunden wenig Expertise bezüglich eines Produktes haben, was auf Innovationen aufgrund ihrer Neuheit voll zutrifft (vgl. Rao/Monroe 1989, S. 352; Park/MacLachlan/Love 2011, S. 4 ff.).

Um eine Aussage über das Verhältnis zwischen Markteinführungspreis und Innovatoren treffen zu können und somit den optimalen Preis zu finden, muss man alle Einflussfaktoren betrachten, die auf diese Beziehung einwirken und sich zusätzlich die Charakteristika der Innovatoren vor Augen halten. Auf den Punkt gebracht, wird das Verhältnis zunächst durch ein generell negatives Verhältnis zwischen Preis und Nachfrage geprägt (vgl. Homburg/Krohmer 2009, S. 651 ff.). Diese negative Beziehung wird aber durch mehrere Einflussfaktoren abgeschwächt. Dazu gehören unsichere und damit beeinflussbare Referenzpreise (vgl. Park/MacLachlan/Love 2011, S. 3 ff.) sowie der Preis als Indikator für Qualität und die Eigenschaften der Innovatoren an sich zutrifft (vgl. Rao/Monroe 1989, S. 352). Fasst man diese Punkte alle zusammen, kann man die Hypothese aufstellen:

H6: Der Markteinführungspreis hat einen leichten negativen Einfluss auf die Adaption einer Innovation durch die Innovatoren.

Der Markteinführungspreis hat aber nicht nur auf die Nachfrage Einfluss, sondern auch auf die Marktstruktur und somit die Konkurrenz (vgl. Redmond 1989, S. 99 ff.). Wenn ein Unternehmen ein Produkt entwickelt, kann es abhängig vom Innovationsgrad, wie oben beschrieben, eine reine Monopolstellung oder eine monopolistische Konkurrenz herbeiführen (vgl. Redmond 1989, S. 101). In dieser Marktform kann das Unternehmen dann aufgrund mangelnder Konkurrenz zusätzliche Gewinne erzielen (vgl. Homburg/Krohmer 2009, S. 217).

Dieser zusätzlich erzielbare Gewinn macht den Markt auch für andere Unternehmen sehr attraktiv, da dort vermeintlich hohe Renditechancen und Margen warten (vgl. Redmond 1989, S. 100 ff.). Wenn darüber hinaus durch den Pionier im Markt, also das innovierende Unternehmen, das Marktpotential bewiesen wird, versuchen Konkurrenten in den Markt einzutreten. Die Eintrittswahrscheinlichkeit hängt somit von der Attraktivität des Marktes ab (vgl. Lilien/Yoon 1990, S. 571). Die Frage, wie schnell Konkurrenten in einen solchen Markt eintreten können, wurde bereits oben geklärt. Bleibt die Frage, wie wahrscheinlich es ist, dass Konkurrenzunternehmen in einen Markt eintreten. Dies hängt von vielen unternehmensinternen Faktoren ab, die allerdings weder verallgemeinerbar noch beeinflussbar sind und somit nicht weiter in die Betrachtung mit einfließen (vgl. Lilien/Yoon 1990, S. 571).

Was aber ein wichtiger Einflussfaktor ist, der auch vom innovierenden Unternehmen beeinflusst werden kann, ist der Markteinführungspreis, mit dem neue Produkte in den Markt eingeführt werden. Dieser hängt stark mit der Preisstrategie zusammen und kann somit vom Unternehmen bestimmt werden. Damit hat das innovierende Unternehmen zu einem entscheidenden Teil die Kontrolle über die Rentabilität des Marktes (vgl. Redmond 1989, S. 101 ff.). Eine Skimmingstrategie hat einen hohen Markteinführungspreis zur Folge und suggeriert damit hohe Renditechancen, während eine Penetrationsstrategie einen niedrigen Markteinführungspreis zur Folge hat, der keine hohen Margen in Aussicht stellt (vgl. u.a. Dean 1950, S. 147; Noble/Gruca 1999, S. 438ff; Liu 2010, S. 429). Da mehr Konkurrenzunternehmen versucht sein werden, in einen Markt mit hohen Renditechancen einzusteigen, wird die Konkurrenzeintrittswahrscheinlichkeit für einen hohen Markteinführungspreis größer sein (vgl. Redmond 1989, S. 101 ff.). Aufgrund dieser Umstände kann man die Hypothese aufstellen:

H7a: Der Markteinführungspreis hat einen positiven Einfluss auf die Konkurrenzeintrittswahrscheinlichkeit.

Durch ein neues Produkt auf dem Markt werden die bisherigen Marktstrukturen verändert. Die Konkurrenzsituation ändert sich und mit ihr die Marktanteile der Unternehmen in diesem Markt. Um diesen Effekt zu verhindern, verändern Unternehmen ihre Preise (vgl. Redmond 1989, S. 99 ff.). Man muss bei dieser Betrachtung zunächst einmal die Situation analysieren, wofür die Betrachtung des Innovationsgrads sehr hilfreich ist. Außerdem ist das durchschnittliche Preisniveau des Marktes von Bedeutung. Dieses beschreibt, wie viel ein Produkt mit einer bestimmten Leistung im Durchschnitt kostet. Es beschreibt somit das Preis-Leistungs-Verhältnis, welches angibt, wie viel Leistung ein Kunde pro Geldeinheit bekommt (vgl. Tacke 1997, S. 995 ff.).

Veränderungen dieses Verhältnisses verleiten die Konkurrenz zu Preisanpassungen. Dieses Verhältnis kann dabei zum einen über den Preis und zum anderen über die Leistung geändert werden. Eine Preissenkung kann also auch vonstattengehen, wenn der Preis eines Produkts konstant bleibt, dessen Leistung aber gesteigert wird (vgl. Tacke 1997, S. 995 ff.). Als erstes wird betrachtet, welche Effekte mit Innovationen im Sinne der Mikroperspektive einhergehen. Zunächst wird von einer technischen Innovation ausgegangen. Da es sich hierbei um die Mikroperspektive handelt, ist Konkurrenz schon vorhanden (vgl. Garcia/Calantone 2002, S. 118 ff.).

Eine technische Innovation stellt im Allgemeinen eine Verbesserung zu bisherigen Produkten dar, man kann mit ihr dementsprechend einen höheren Preis erzielen (vgl. u.a. Dean 1950, S. 147; Noble/Gruca 1999, S. 438ff; Liu 2010, S. 429). Wählt man den Markteinführungspreis allerdings nicht leistungsgerecht provoziert man die Konkurrenz zu Preisänderungen. Dasselbe gilt, wenn man es mit einer "Marktinnovation" im Sinne der Mikroperspektive zu tun hat. Der einzige Unterschied ist, dass es sich nicht um ein Produkt mit höherer Leistung handelt, sondern gegebenenfalls nur um ein gleichwertiges Produkt. Auch in diesem Fall provoziert man Preisanpassungen von Konkurrenten durch nicht leistungsgemäßes Pricing (vgl. Tacke 1997, S. 995 ff.). Für eine Technologieinnovation gibt es bezüglich der Preisanpassungen von Konkurrenten keine Unterschiede, ob ein Produkt aus der Mikro- oder Makroperspektive neu ist. Eine technische Innovation aus Sicht der Makroperspektive kann nur aufgrund ihrer viel höheren Leistung einen entsprechend höheren Preis verlangen (vgl. u.a. Dean 1950, S. 147; Noble/Gruca 1999, S. 438ff; Liu 2010, S. 429). Für den Fall einer Marktinnovation im Sinne der Makroperspektive besteht zunächst keine Konkurrenz (vgl. Garcia/Calantone 2002, S. 118 ff.). Daher können in diesem Sinne auch keine Preisanpassungen getroffen werden. Die Konkurrenzpreise müssen komplett neu bestimmt werden. Dabei werden sich die Konkurrenten bei dieser Bestimmung am Markteinführungspreis und am Preis-Leistungs-Verhältnis orientieren (vgl. Eliashberg/Jeuland 1986, S. 20 ff.). Je größer dabei die Differenzen sind, desto größer wird der Unterschied zwischen dem Preis des innovierenden und des Konkurrenzunternehmens sein (vgl. Tacke 1997, S. 995 ff.). Insgesamt gilt also für jede Art von Innovation, dass die Preisanpassungen der Konkurrenz von dem Unterschied zwischen Markteinführungspreis und Preis-Leistungs-Verhältnis abhängen. Die Preisanpassungen sind umso stärker, je größer dieser Unterschied ist (vgl. Simon 1992, S. 338). Daher kann man die Hypothese formulieren:

H7b: Das Abweichen des Markteinführungspreises vom durchschnittlichen Preisniveau hat einen positiven Einfluss auf die Preisanpassungen durch Konkurrenten.

5.6 Hypothesen zur Preisentwicklung

Die Preisentwicklung ist der zweite Teil der Preisstrategie. Sie beschreibt die Entwicklung des Markteinführungspreises über die Zeit und ist abhängig vom gesamten Konkurrenzverhalten (vgl. Eliashberg/Jeuland 1986, S. 20 ff.). Die Preisentwicklung gibt also an, ob der Markteinführungspreis sinkt, gleichbleibt oder steigt. Ein negativer Effekt wäre im Zusammenhang mit der Preisentwicklung ein Sinken der Preise. Ein positiver Effekt würde zu einem Steigen der Preise führen. Das Konkurrenzverhalten ist, wie aus dem Modell ersichtlich, durch die Unterpunkte Eintrittsgeschwindigkeit, Eintrittswahrscheinlichkeit und Preisanpassungen konzeptionalisiert.

Der Eintritt eines Konkurrenten bzw. eines neuen Produkts kann zwei Effekte haben. Zum einen kann durch den Eintritt das Marktpotential über zusätzliche Werbung und Produktvielfalt gesteigert werden und zum anderen kann das neue Produkt um den gleichen Markt werben und so die Diffusion verlangsamen (vgl. Chandrasekaran/Tellis 2007, S. 52). Der Eintritt eines Konkurrenten kann das gesamte Marktvolumen erweitern. Dieser Effekt tritt außer aufgrund der zusätzlichen Werbung und Produktvielfalt noch durch die Distribution und sinkende Preise auf. Dadurch werden neue Käufer angezogen, was zu einem Marktwachstum führt (vgl. Mahajan/Sharma/Buzzel 1993, S. 39). Trotz des erweiterten Volumens kann der Eintritt einer neuen Marke die Diffusion einer neuen Innovation negativ beeinflussen (vgl. Krishnan/Bass/Kumar 2000, S. 272).

Konkurrenz bewirkt ein sofortiges Sinken der maximal erzielbaren Preise für ein Produkt (vgl. Ingenbleek et al. 2003, S. 290 ff.). Wenn aus einem anfänglichen Monopol durch

Konkurrenzeintritt ein Oligopol wird, sinkt der anfänglich erzielbare Monopolpreis sofort mit dem Markteintritt ab. Durch einen Konkurrenzeintritt ist also automatisch impliziert, dass die Preise in einem Markt sinken (vgl. Eliashberg/Jeuland 1986, S. 20 ff.). Je schneller dabei die Konkurrenzeintritt, desto schneller sinken die Preise. Dies ist darauf zurückzuführen, dass das innovierende Unternehmen nicht genug Zeit hatte sich am Markt zu etablieren und somit verstärkt, um seine Marktposition kämpfen muss (vgl. Simon 1992, S. 338). Ein Grund dafür ist, wie oben bereits erwähnt, eine verlangsamte Diffusion der Produkte. Um diesem Effekt entgegen zu wirken, müssen Preisanpassungen getroffen werden. Verschiedene Marktformen bzw. Strukturen beeinflussen die Preisstrategie auf unterschiedliche Weise. Die Preisstrategie ist also von der Marktstruktur abhängig (vgl. Dockner/Jorgensen 1988, S. 316).

Es konnte ebenfalls nachgewiesen werden nach, dass sich Preisanpassungen der Konkurrenz auf die Verkäufe anderer Unternehmen auswirken. Wenn ein Konkurrenzunternehmen seine Preise senkt, sinken die Verkäufe des innovierenden Unternehmens. Um diesem Effekt entgegen zu wirken, muss das innovierende Unternehmen ebenfalls seine Preise senken (vgl. Dockner/Jorgensen 1988, S. 320 ff.). Man kann also erkennen, dass sowohl der Markteintritt eines Unternehmens als auch Preisanpassungen auf der Konkurrenzseite zu Veränderungen der Preisentwicklung führen.

Die Unterpunkte des Konkurrenzverhaltens, also die Konkurrenzeintrittsgeschwindigkeit, sowie die Konkurrenzeintrittswahrscheinlichkeit bilden den Markteintritt eines Unternehmens ab. Zusammen mit der Preisanpassung bilden sie im Modell das gesamte Konkurrenzverhalten. Da jeder der Unterpunkte zu einer Anpassung der Preisentwicklung führt, muss auch das gesamte Konkurrenzverhalten zu einer Veränderung der Preisentwicklung führen, weil das gesamte Konkurrenzverhalten eine Zusammenfassung seiner Unterpunkte darstellt (vgl. Dockner/Jorgensen 1988, S. 320 ff.; Eliashberg/Jeuland 1986, S. 20 ff.). Umso stärker das Konkurrenzverhalten ausgeprägt ist, desto stärker sinken im Allgemeinen die Preise. Daher kann man die Hypothese aufstellen:

H8: Das Konkurrenzverhalten hat einen negativen Einfluss auf die Preisentwicklung.

Die Preisentwicklung hat genau wie der Einführungspreis einen Einfluss auf die Nachfrage. Während der Markteinführungspreis die ersten Käufer eines Produkts beeinflusst hat, beeinflusst die Preisentwicklung alle übrigen Käufer (vgl. u.a. Dean 1950, S. 147 ff.; Noble/Gruca 1999, S. 436 ff.). Die Preisentwicklung hat daher nur Einfluss auf die Imitatoren. Die Imitatoren können in vier Gruppen unterteilt werden: Die frühen Anwender, die frühe Mehrheit, die späte Mehrheit und die Nachzügler. Diese alle weisen unterschiedliche Charakteristika auf (vgl. Rogers 1995, S. 262 ff.). Aus der Arbeit von Rogers ist allerdings die Tendenz zu erkennen, dass, je später eine Innovation adaptiert wird, umso geringer der soziale Status und damit einhergehend das verfügbare Budget ist. Einhergehend mit dem geringeren Budget werden Innovationen zunehmend kritischer beurteilt und die Preissensibilität steigt. Entsprechend kann man davon ausgehen, dass die Zahlungsbereitschaft von den frühen Anwendern bis zu den Nachzüglern hin abnimmt (vgl. Rogers 1995, S. 262 ff.).

Daraus ergibt sich für die Preisentwicklung die Implikation, dass mit abnehmendem Preis die potentiellen Abnehmer und damit die Nachfrage steigen. Dies ist konsistent mit der klassischen Preistheorie, die unabhängig von der Wahl der Preis-Absatz-Funktion immer eine steigende Nachfrage mit sinkendem Preis postuliert (vgl. Homburg/Krohmer 2009, S. 651 ff.). Auf diesen Zusammenhang wirken, wie bei der Beziehung zwischen Markteinführungspreis und Innovatoren, verschiedene Faktoren ein (vgl. Homburg/Koschate 2005, S. 384 ff.). Wie bei den Innovatoren werden auch hier der Referenzpreis bzw. die Preiserwartung und der Preis als Indikator für Qualität betrachtet.

Das Phänomen, dass der Preis als Qualitätsindikator benutzt wird, ist, wie bei den theoretischen Grundlagen erwähnt, auf mangelnde alternative Informationsmöglichkeiten zurückzuführen (vgl. Rao/Monroe 1989, S. 352). Dies ist bei den Imitatoren nicht der Fall, da sich diese an den Innovatoren orientieren und somit Informationen über ein Produkt einholen (vgl. Rogers 1995, S. 264 ff.). Deshalb kommt der Preis als Qualitätsindikator nicht bzw. nur wenig zum Tragen (vgl. Rao/Monroe 1989, S. 352).

Der Referenzpreis ist, wie schon erwähnt, eine Bezugsgröße, die sich aufgrund vergangener Erfahrungen gebildet hat und mit der ein Kunde Preise von Produkten beurteilt (vgl. Biswas/Blair 1991, S.1; Homburg/Koschate 2005, S. 394). Die Innovatoren hatten aufgrund der Neuheit der Innovation noch keine Vorstellung vom Preis des Produkts, somit hatten sie auch keinen genauen Referenzpreis. Durch diesen verschwommenen Referenzpreis haben sich anfangs beim Markteinführungspreis Einflussmöglichkeiten ergeben, mit denen Zahlungsbereitschaft bzw. der Absatz erhöht und dadurch der negative Effekt zwischen Markteintrittspreis und Adaption durch die Innovatoren abgemildert werden konnte (vgl. Park/MacLachlan/Love 2011, S. 3 ff.). Diese Möglichkeiten sind für die Imitatoren nur noch begrenzt vorhanden, weil sich deren Referenzpreis auf Basis des Markteinführungspreises schon gebildet hat. Mit zunehmendem Zeitverlauf wird sich dieser auch immer weiter festigen (vgl. Biswas/Blair 1991, S.1).

Es gibt also nur sehr begrenzt Möglichkeiten auf die Beziehung zwischen Preis und Absatz einzuwirken. Somit wird sich ein steigender Preis, was einer positiven Preisentwicklung entspricht, in geringeren Verkäufen äußern, während ein fallender Preis und damit eine negative Preisentwicklung sich in gesteigerten Verkaufszahlen äußern. Wie stark die Nachfrage auf die Preisentwicklung reagiert, hängt von deren Preiselastizität (vgl. Homburg/Krohmer 2009, S. 658 ff.) und deren Imitationskoeffizienten ab. Dieser ist ähnlich wie der Innovationskoeffizient definiert, nur bezieht sich der Imitationskoeffizient auf die Adaption durch Imitatoren und ist in der Regel auch höher als der Innovationskoeffizient (vgl. Bass 2004, S. 1825 ff.). Zusammenfassend kann man sagen, dass die negative Beziehung zwischen Preis und Absatz kaum abgeschwächt wird. Somit ergibt sich die Hypothese:

H9: Die Preisentwicklung hat einen negativen Einfluss auf die Adaption einer Innovation durch die Imitatoren.

Mit negativem Einfluss ist hier gemeint, dass eine Preissteigerung eine geringere Adaption zur Folge hat und eine Preissenkung eine höhere Adaption.

Außer der Preisentwicklung und dem Produktnutzen haben auch die Innovatoren Einfluss auf die Imitatoren. Imitatoren sind bei ihrer Adaptionsentscheidung abhängig vom sozialen Druck. Dieser steigt mit der Anzahl der Benutzer einer Innovation. Je mehr Anwender eine Innovation hat, desto größer ist der Druck auf "Nichtanwender", eine Innovation zu erwerben (vgl. Bass 2004, S. 1825).

Dies geschieht über sogenannte word-to-mouth-Effekte bzw. Mundpropaganda. Diese entstehen unter anderem aufgrund des Preis-Mavenism, der die Neigung beschreibt Preisinformationen zu sammeln und sie anderen daraufhin mitzuteilen. Innovatoren verspüren also die Neigung sich über Innovationen mit anderen Personen auszutauschen (vgl. Urbany/Dickson/Kalapurakal 1996, S. 92 ff.; Feick/Price 1987, S. 83 ff.).

Die Mundpropaganda hat immensen Einfluss auf die Adaption durch die Imitatoren und hängt von der Einstellung der Innovatoren in Bezug auf die Innovation ab. Damit hat die Mundpropaganda über die Adaptionsrate gewaltigen Einfluss auf den Absatz einer Innovation (vgl. u.a. Krishnan/Bass/Kumar 2000, S. 270). Wenn man sich vor Augen führt, dass die

Imitatoren rund 97,5% der Nachfrage ausmachen, werden die Auswirkungen noch deutlicher (vgl. Rogers 1995, S. 262).

Die Mundpropaganda führt beispielsweise dazu, dass Unsicherheiten in Bezug auf die Innovation verringert werden. Kunden schätzen den Wert einer Innovation, der Unsicherheit geschuldet, geringer ein. Verringert sich diese Unsicherheit, steigt der Wert der Innovation aufgrund des geringeren Risikos, das von ihr ausgeht. Dadurch können die Imitatoren den Nutzen einer Innovation besser einschätzen und erwerben sie, wenn in ihren Augen das Preis-Leistungs-Verhältnis stimmt (vgl. Kalish 1985, S. 1569).

Ob es sich um positive oder negative Mundpropaganda handelt, entscheiden die Erfahrungen der Innovatoren mit dem Produkt und die aus der Benutzung des Produkts hervorgegangene Zufrieden- bzw. Unzufriedenheit. Die endgültige Bewertung einer Innovation erfolgt, wie im Adaptionsprozess beschrieben, erst in der Confirmation-Phase. In dieser entscheidet sich ein Anwender endgültig für oder gegen eine Innovation (vgl. Rogers 1995, S. 180 ff.). Zu dieser Bewertung tragen Einflüsse bei, die auf den Innovator eingewirkt haben. Diese sind im Modell der Innovationsgrad, der Produktnutzen und der Markteinführungspreis. Zu diesen drei Einflüssen besitzt der Innovator bestimmte Erwartungen, die entweder bestätigt, übertroffen oder enttäuscht werden können. Eine Bestätigung oder ein Übertreffen der Erwartungen führt dabei zu einem positiven Urteil durch den Innovator, während eine Enttäuschung der Erwartung zu einem eher negativen Urteil führt (vgl. Bridges/Yim/Briesch 1995, S. 66 ff.).

Eine Enttäuschung bezüglich des Innovationsgrads könnte auftreten, wenn das Produkt nicht den erhofften Fortschritt bringt. Bezüglich des Produktnutzens und des Preises könnte ein negatives Urteil zustande kommen, wenn der Innovator sich mehr Leistung für sein Geld erhofft hat oder in anderen Worten die Innovation ein schlechtes Preis-Leistungs-Verhältnis aufgewiesen hat. Ein Übertreffen der Erwartungen erfolgt jeweils im entgegengesetzten Fall. Wenn also die Erwartungen des Innovatoren übertroffen bzw. bestätigt wurden, tritt bezüglich des Preises eine Preiszufriedenheit auf, was sich positiv auf die spätere Beurteilung der Innovation auswirkt (vgl. Diller 2000, S. 576 ff.). Ein positives Bewertungsurteil seitens der Innovatoren führt zu positiver Mundpropaganda und umgekehrt. Die positive Mundpropaganda führt zu einer höheren Adaptionsrate seitens der Imitatoren und negative Mundpropaganda führt zu einer niedrigeren Adaptionsrate (vgl. Rogers 1995, S. 180 ff.). Unter Einbeziehung all dieser Umstände leitet sich die Hypothese ab:

H10: Die Mundpropaganda bzw. die word-to-mouth-Effekte der Innovatoren haben einen positiven Einfluss auf die Adaption einer Innovation durch Imitatoren.

5.7 Hypothesen zum Markterfolg

Als letzten Punkt des Modells werden Hypothesen zum Markterfolg einer Innovation entwickelt. Dazu muss erst einmal klar werden, was man unter dem Markterfolg einer Innovation versteht. Markterfolg kann dabei von unterschiedlichen Unternehmen unterschiedlich wahrgenommen und bewertet werden (vgl. Manion/Cherion 2009, S. 71 ff.). Von daher muss man „Markterfolg" zunächst einmal definieren, um eventuelle Unklarheiten zu beseitigen. Ein im Englischen geläufiger und mit dem Markterfolg verwandter Begriff ist die „new product performance". Sie wird über bestimmte Messwerte definiert. Diese bestehen zum einen aus finanziellen Gesichtspunkten wie dem Gewinn, dem Absatz, dem Amortisierungszeitpunkt, den Kosten und dem Umsatz. Zum anderen bestehen sie aus marktbezogenen Werten wie dem Marktanteil. Diese Definition beruht auf einer Meta-Analyse, die sich mit Determinanten der „new product performance" befasst hat. In dieser umfassenden Arbeit wurden über 40 Studien gesichtet (vgl. Montoya-Weiss/Calantone 1994, S. 400 ff.). Aufgrund der engen Verwandtschaft des Begriffs mit dem Markterfolg werden diese Definition bzw. diese Messwerte übernommen, da sie sehr gut zum entwickelten Modell passen. Der Markterfolg in diesem Modell wird also über die finanziellen Aspekte Gewinn, Absatz, Umsatz und dem Amortisierungszeitpunkt sowie dem Marktanteil bestimmt (vgl. Montoya-Weiss/Calantone 1994, S. 400 ff.). Zwischen diesen einzelnen Komponenten können dabei aber Zielkonflikte auftreten. So ist beispielsweise eine gleichzeitige Gewinn- und Marktanteils- bzw. Absatzmaximierung nicht immer möglich. Wie bei möglichen Zielkonflikten die Präferenzen gelegt werden, muss jedes einzelne Unternehmen für sich entscheiden (vgl. Simon 2004, S. 20 ff.).

Als ersten Einfluss auf den Markterfolg wird das Kundenverhalten erläutert. Das Kundenverhalten stellt in dem Modell die Nachfrage bzw. die Käufer der Innovation dar. Sie besteht aus den Innovatoren und den Imitatoren, wobei die Innovatoren 2,5% der Anwender ausmachen und die restlichen 97,5% von den Imitatoren gestellt werden. Die Imitatoren bilden also die Mehrheit der Anwender (vgl. Rogers 1995, S. 262).

Aufgrund ihrer Wichtigkeit werden, die auf sie wirkenden Einflüsse zusammengefasst. Diese Einflüsse sind der Produktnutzen (vgl. Langerak/Hultink/Griffin 2008, S. 370 ff.), die Preisentwicklung (vgl. u.a. Noble/Gruca 1999, S. 436; Dean 1950, S. 147 ff.) und die

Mundpropaganda der Innovatoren (vgl. Rogers 1995, S. 180 ff.). Diese drei Einflüsse bestimmen zu einem großen Anteil, ob sie eine Innovation erwerben oder nicht.

Imitatoren sind in vier Gruppen unterteilt, die sich im Zeitverlauf ihrer Adaption gesehen durch eine sinkende Zahlungsbereitschaft und zunehmend kritischere Prüfung der Innovation auszeichnen (vgl. Rogers 1995, S. 262 ff.). Durch ihre kritischere Haltung werden Unsicherheiten in Bezug auf die Innovation als negativ gewertet, was eine geringere Kaufwahrscheinlichkeit zur Folge hat (vgl. Kalish 1985, S. 1569). Man muss die auf die Imitatoren wirkenden Einflüsse zusammen betrachten, um eine Kaufentscheidung zu verstehen. Die Unsicherheiten bezüglich einer Innovation werden zum Großteil durch die Gespräche mit Innovatoren ausgeräumt (vgl. u.a. Krishnan/Bass/Kumar 2000, S. 270). Hierbei trägt ein positives Urteil der Innovatoren zu einer höheren Adaption der Imitatoren bei (vgl. Rogers 1995, S. 180 ff.).

Durch die ausgeräumten Unsicherheiten entstehen auch klarere Vorstellungen von dem Preis-Leistungs-Verhältnis einer Innovation. Dieses Verhältnis wird sich mit dem Preis über die Zeit ändern, wobei ein sinkender Preis zu einem besseren Preis-Leistungs-Verhältnis führt. Durch den steigenden gesellschaftlichen Druck erscheint der Kauf eines Produkts auch als immer notwendiger (vgl. Bass 2004, S. 1825 ff.). Durch diesen Effekt wird das Preis-Leistungs-Verhältnis aus Sicht der Imitatoren weiter verbessert. Wenn dieses Verhältnis für einen Imitator als angemessen erscheint, wird er dann die Innovation erwerben (vgl. Rogers 1995, S. 163 ff.). Zusammenfassend muss man also alle Einflüsse berücksichtigen, um eine Adaptionsentscheidung zu verstehen. Je mehr Imitatoren sich entschließen, desto höher ist der Absatz der Innovation.

Womit man wieder beim Markterfolg ist. Die Diffusion der Innovation innerhalb der Imitatoren nimmt großen Anteil am Markterfolg, denn er bestimmt die Nachfrage eines Produkts (vgl. Horsky 1990, S. 343 ff.). Die Nachfrage wirkt direkt auf alle oben genannten Messwerte ein, die den Markterfolg ausmachen (vgl. Montoya-Weiss/Calantone 1994, S. 400 ff.). Die Nachfrage bestimmt, wie oft ein Produkt verkauft wird und legt so den Absatz fest. Der Marktanteil gibt das von einem Unternehmen realisierte Absatzvolumen in Prozenten des Marktvolumens wieder (vgl. Thommen/Achleitner 2006, S. 141). Da die Nachfrage den Absatz bestimmt, bestimmt sie indirekt über diesen auch den Marktanteil. Betrachtet man die Gewinngleichung (Gewinn = Umsatz − Kosten), sieht man, dass die Nachfrage auch hier einen entscheidenden Einfluss auf den Gewinn hat, da der Umsatz über die Formel Preis x Absatz definiert wird (vgl. Simon 2004, S. 3 ff.).

Die Amortisierungsdauer gibt die Zeit an, die verstreicht bis die Investitionskosten einer Innovation durch Einzahlungsüberschüsse ausgeglichen sind (vgl. Thommen/Achleitner 2006, S. 622). In anderen Worten beschreibt sie die Zeit, die gebraucht wird, um einen bestimmten Umsatz zu erreichen. Wie der Umsatz ist also auch die Amortisierungsdauer von dem Kundenverhalten abhängig. Zusammenfassend zeigt sich, dass die Nachfrage bzw. das Kundenverhalten auf alle festgelegten Punkte des Markterfolgs Einfluss nimmt. Dabei ist deren Einfluss stets positiv, denn eine positive Kundenreaktion ist mit einem höheren Absatz verknüpft (vgl. Montoya-Weiss/Calantone 1994, S. 400 ff.). Daher kann man folgende Hypothese aufstellen:

H11: Das Kundenverhalten hat einen positiven Einfluss auf den Markterfolg einer Innovation.

Ein weiterer wichtiger Punkt, der den Markterfolg einer Innovation bestimmt, ist die Preisstrategie (vgl. Spann/Fischer/Tellis 2009, S. 2). Hierbei muss man zwischen direkten und indirekten Einflussmöglichkeiten unterscheiden. Die indirekten bestehen aus der Beeinflussung des Konkurrenz- und Kundenverhaltens (vgl. Horsky 1990, S. 343, Redmond 1989, S. 100 ff.). Die Preisstrategie hat, wie die Hypothesen H6 und H9 zeigen, einen starken Einfluss auf das Kundenverhalten und somit auch auf die Diffusion der Innovation (vgl. u.a. Noble/Gruca 1999, S. 438 ff.; Dean 1950, S. 147 ff.). Dieses hat, wie die Hypothese H11 verdeutlicht, einen Einfluss auf den Markterfolg. Setzt man die drei Hypothesen in Verbindung, ist die indirekte Verbindung der Preisstrategie auf den Markterfolg hergestellt. Mittels der indirekten Verbindung über das Kundenverhalten hat die Preisstrategie, wie oben schon beschrieben, Einfluss auf die Punkte Gewinn, Absatz, Umsatz, Amortisierungszeitpunkt und Marktanteil (vgl. Simon 2004, S. 3 ff.).

Der direkte Einfluss kann wieder aus der Gewinngleichung hergeleitet werden. Die Preisstrategie beeinflusst dabei den Preis und wirkt sich auf diese Weise auf den Umsatz, der als Preis x Menge definiert ist und damit auch auf den Gewinn aus (vgl. Simon 2004, S. 3 ff.). Der Zusammenhang zwischen Preisstrategie und Amortisierungsdauer kann wieder auf Basis der oben aufgeführten Definition erfolgen. Die Amortisierungsdauer kann als Zeit verstanden werden, die verstreicht, bis ein Umsatz erreicht wird, der die Investitionskosten deckt (vgl. Thommen/Achleitner 2006, S. 622). Da die Preisstrategie, wie in diesem Absatz beschrieben, auf den Umsatz wirkt, wirkt sie über diesen auch auf die Amortisierungsdauer ein. Die direkten Einflüsse beschränken sich also auf den Gewinn, den Umsatz und den Amortisierungszeitpunkt.

Die direkten und indirekten Einflüsse wirken allerdings teilweise entgegen, daher kann man sie nicht losgelöst voneinander betrachten (vgl. Simon 2004, S. 20 ff.). Eine Preiserhöhung führt durch die direkten Effekte auf den Preis zu einer Umsatzerhöhung. Über die indirekten Effekte kommt es aber aufgrund des erhöhten Preises zu einem geminderten Absatz, was auch einen Umsatzrückgang zur Folge hat (vgl. u.a. Krishnan 1999, S. 1651; Homburg/Krohmer 2009, S. 661 ff.). Durch diesen Umstand können Zielkonflikte zwischen den Aspekten Gewinn, Absatz, Umsatz, Amortisierungsdauer und Marktanteil auftreten. Daher gibt es keine Preisstrategie, die es ermöglicht, eine maximale Ausprägung von all diesen Punkten zu gewährleisten. Hier muss ein Unternehmen Präferenzen setzten, welches Ziel favorisiert verfolgt werden soll. Nur so kann eine optimale Preisstrategie gefunden werden (vgl. Simon 2004, S.20 ff.). Da die gesetzten Präferenzen von Unternehmen zu Unternehmen unterschiedlich sind, ist auch die Definition des Markterfolgs je nach Unternehmen unterschiedlich (vgl. Manion/Cherion 2009, S. 71 ff.). Mit einer Preisstrategie, die an die jeweiligen Präferenzen des Unternehmens angepasst ist, kann auch der vom jeweiligen Unternehmen gewünschte Markterfolg erzielt werden. Aufgrund dieses Umstands ergibt sich die Hypothese:

H12: Die Preisstrategie hat einen positiven Einfluss auf den Markterfolg einer Innovation.

5.8 Diskussion und Anwendung des Modells

In den Kapiteln 5.1 bis 5.7 wurde ein Modell mit den Bestandteilen Innovationsgrad, Produktnutzen, Preisstrategie, Markterfolg und Konkurrenz- sowie Kundenverhalten entwickelt. Die Preisstrategie wurde in die Unterpunkte Markteinführungspreis und Preisentwickelung unterteilt. Auch das Konkurrenz- und Kundenverhalten wurden in Unterpunkte gegliedert. Das Kundenverhalten, das die Nachfrage darstellt, wurde in Innovatoren und Imitatoren gespalten, die beide zusammen gesehen die Käufer der Innovation bilden. Das Konkurrenzverhalten wurde in die Eintrittsgeschwindigkeit, Eintrittswahrscheinlichkeit und in Preisanpassungen konzeptionalisiert. Zwischen diesen Punkten wurden verschiedene Verbindungen hergestellt, die auf der Basis von anderen wissenschaftlichen Artikeln näher untersucht wurden. Die Ergebnisse wurden dann in zwölf Hypothesen formuliert, die die Beziehungen der Punkte untereinander charakterisieren. In diesem Kapitel werden nun die erarbeiteten Hypothesen mit den zwei möglichen

Preisstrategien für Innovation in Verbindung gesetzt. Diese zwei Preisstrategien sind zum einen die Skimmingstrategie, die sich durch einen hohen Markteinführungspreis und eine fallende Preisentwicklung auszeichnet, zum anderen das Penetration-Pricing. Dieses beginnt mit einem niedrigen Markteinführungspreis, um einen möglichst großen Absatz zu ermöglichen (vgl. Dean 1950, S. 147 ff.). Um die Verbindung herzustellen, werden die unterschiedlichen Ausprägungen des Innovationsgrads auf ihre Auswirkungen auf das Modell untersucht. Zu diesen Ausprägungen wird dann die passende Strategie ausgewählt. Diese Auswahl der Strategie beruht auf den Empfehlungen anderer wissenschaftlicher Artikel, die die Eignung der Strategien bei unterschiedlichen Umständen untersucht haben (vgl. Krishnan/Bass/Kumar 1999, S. 1650 ff.). Wie im Kapitel „Hypothesen zum Markterfolg" beschrieben, kann es zwischen den Faktoren des Markterfolgs zu Zielkonflikten kommen. Wie diese Konflikte gelöst werden, hängt von den Unternehmenspräferenzen ab. Diese Konflikte wirken sich auch auf die zu wählende Preisstrategie aus. So können unterschiedliche Unternehmenspräferenzen zu verschiedenen Preisstrategien führen (vgl. Simon 2004, S. 20 ff.): Alle möglichen Ausprägungen des Innovationsgrads sind nochmals in Abbildung 16 aufgeführt und nach der Reihenfolge ihrer Abhandlung nummeriert:

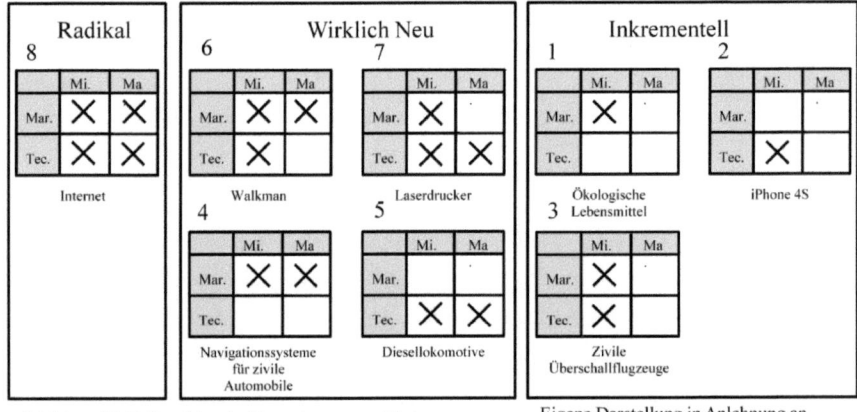

Abbildung 16: Reihenfolge der Betrachtung verschiedener Innovationsgrade

Eigene Darstellung in Anlehnung an Garcia/Calatone 2001, S. 121

Die erste Ausprägung stellt eine Marktinnovation im Sinne der Mikroperspektive dar. Eine derartige Innovation bietet keine technische Neuerung. Das innovierende Unternehmen erschließt nur einen für das Unternehmen neuen Markt. Dies hat zum einen einen niedrigen Produktnutzen zur Folge, zum anderen ist bereits Konkurrenz vorhanden, die eventuell sogar schon technisch fortgeschrittene Produkte besitzt (vgl. Garcia/Calatone 2002, S. 118 ff.). Da das Unternehmen einen neuen Markt betritt, ist die Diffusionsrate geringer, vor allem vor dem Hintergrund, dass die Innovation keine technischen Neuerungen bietet (vgl. Bridges/Yim/Briesch 1995, S.66 ff.). Auch der niedrige Produktnutzen bewirkt eine verringerte Adaption durch Innovatoren und Imitatoren (vgl. Langerak/Hultink/Griffin 2008, S. 370 ff.). Durch den niedrigen Produktnutzen ist die Innovation auch nicht für einen hohen Markteinführungspreis geeignet und somit auch nicht für eine Skimmingstrategie (vgl. Noble/Gruca 1999, S. 439 ff.). Da der Markt schon von anderen Unternehmen erschlossen wurde, sehen diese das eintretende Unternehmen als Konkurrenz an und werden ihre Preise anpassen (vgl. Eliashberg/Jeuland 1986, S. 20 ff.). Aufgrund dieser Kausalzusammenhänge bietet sich hier nur eine Penetrationsstrategie an, die eine fallende Preisentwicklung hat. Erst der niedrige Preis ermöglicht die Diffusion der Innovation (vgl. Krishnan/Bass/Kumar 1999, S. 1661 ff.).

Der zweite Fall stellt eine Technologieinnovation aus Sicht der Mikroperspektive dar: In dieser Konstellation besitzt die Innovation einen erhöhten Produktnutzen, eine reine Monopolstellung ist aufgrund der Mikroperspektive nicht möglich (vgl. Garcia/Calatone 2002, S. 118 ff.). Wenn die Technologieinnovation allerdings einen Vorteil gegenüber Konkurrenzprodukten hat, ist eine monopolistische Konkurrenz vorhanden (vgl. Homburg/Krohmer 2009, S.217 ff.). Die Konkurrenzeintrittsgeschwindigkeit ist schwach verlangsamt (vgl. Ali 2000, S. 159 ff.). In diesem Fall ist das Unternehmen bereits im Markt vertreten. Die Adaption seitens der Kunden ist daher vom Ruf des Unternehmens im Markt abhängig, aber generell höher als im ersten Fall (vgl. Bridges/Yim/Briesch 1995, S.66 ff.). Aufgrund der bisher genannten Umstände ist eine Skimmingstrategie durchaus möglich. Diese könnte die als monopolistische Konkurrenz gezeichnete Marktform ausnutzen, um zusätzlichen Gewinn zu erwirtschaften. Der Vorteil gegenüber der Konkurrenz ist allerdings nicht bahnbrechend, sodass auch durchaus eine Penetrationsstrategie zu vertreten ist. In diesem Fall ist es von den Unternehmenszielen und der Kostenstruktur abhängig, welche Strategie zu präferieren ist. Eine Skimmingstrategie würde hier zu höheren Gewinnen und einer schnelleren Amortisierungsdauer führen (vgl. u.a. Dean 1950, S. 147; Noble/Gruca 1999, S. 438ff; Liu 2010, S. 429), während eine Penetrationsstrategie den Absatz und somit den Marktanteil erhöht (vgl. u.a. Liu 2010, S. 429; Noble/Gruca 1999, S. 439 ff.). Wie sich der Umsatz verhält, ist hier von der Preissensitivität der Nachfrage abhängig (vgl. u.a. Krishnan 1999, S. 1651; Homburg/Krohmer 2009, S. 661 ff.). Zur Preisentwicklung ist zu sagen, dass diese fallend ist, da die Konkurrenz mit Preisanpassungen und neuen Produkten reagieren wird (vgl. Krishnan/Bass/Kumar 1999, S. 1661 ff.).

Im dritten Fall sind sowohl die Markt- als auch die Technologiedimension neu. Damit ergibt sich ein erhöhter Produktnutzen, aber eine niedrigere Diffusionsrate (vgl. Langerak/Hultink/Griffin 2008, S. 370 ff.; Bridges/Yim/Briesch 1995, S.66 ff.). Diese beiden Punkte müssen gegeneinander abgewägt werden. Je niedriger dabei die Diffusionsrate ist, desto eher sollte man zu einer Penetrationsstrategie tendieren, um die Diffusionsrate auszugleichen (vgl. Horsky 1990, S. 362). Je höher die Diffusionsrate ist, desto mehr kann man die dritte Situation mit der zweiten vergleichen. Entsprechend gelten dann alle dort aufgeführten Empfehlungen.

Der vierte Fall lässt sich den „wirklich neuen" Innovationen zuordnen: Hier wird ein völlig neuer Markt erschlossen, anfangs existiert noch keine Konkurrenz (vgl. Garcia/Calatone 2002, S. 118 ff.). Aufgrund der völligen Neuartigkeit des Marktes kann die Innovation bisher unbefriedigte Bedürfnisse stillen und hat somit einen hohen Nutzen (vgl. Veryzer 1998, S. 138). Die Innovationsrate ist aufgrund der Neuartigkeit des Marktes anfangs niedrig, während hingegen die Imitationsrate aufgrund des Produktnutzens als hoch einzustufen ist (vgl. Langerak/Hultink/Griffin 2008, S. 370 ff.; Bridges/Yim/Briesch 1995, S.66 ff.). Aufgrund der Tatsache, dass ein neuer Markt relativ schnell erschlossen werden kann, ist die Konkurrenzeintrittsgeschwindigkeit nur schwach verlangsamt. Ein Konkurrenzeintritt kann also zeitnah stattfinden (vgl. Griffin 1993, S. 114 ff.). In diesem Fall ist eine Penetrationsstrategie zu wählen. Diese erhöht die Innovationsrate, also die Adaptionsrate der Innovatoren und führt daher zu einer schnellen Verbreitung der Innovation. Durch die schnelle Verbreitung kann die Innovation als Branchenstandard durchgesetzt werden, was die Konkurrenzeintrittswahrscheinlichkeit in Verbindung mit dem niedrigen Markteinführungspreis verringert (vgl. u.a. Dean 1950, S. 148). Die Nachfrage der Innovation bzw. der Andrang darauf, wird wegen der hohen Imitationsrate ab dem Takeoff rasant ansteigen (vgl. Langerak/Hultink/Griffin 2008, S. 370 ff.). Zu diesem Zeitpunkt sollte sich die Innovation schon als Branchenstandard durchgesetzt und Konkurrenz möglichst ferngehalten haben.

Abhängig von der Preiselastizität und den Unternehmenspräferenzen kann der Preis während der Preisentwicklung verändert werden. Bei einer Preiserhöhung steigt der Gewinn, gleichzeitig verkürzt sich die Amortisierungsdauer (vgl. u.a. Dean 1950, S. 147; Noble/Gruca

1999, S. 438ff; Liu 2010, S. 429). Der Absatz und der Marktanteil werden sich wegen eventueller Konkurrenzeintritte verringern (vgl. Eliashberg/Jeuland 1986, S. 20 ff.). Falls geplant ist, die Preise im Laufe des Produktlebenszyklus zu erhöhen, sollte den Kunden bei Produkteinführung ein hoher Referenzpreis suggeriert werden, um spätere Preiserhöhungen zu rechtfertigen (vgl. Park/MacLachlan/Love 2011, S. 3 ff.). Bei einer Preissenkung wird die Konkurrenzeintrittswahrscheinlichkeit geringer, die Amortisierungsdauer länger und der Absatz größer (vgl. u.a. Liu 2010, S. 429; Noble/Gruca 1999, S. 439 ff.). Der Gewinn entwickelt sich abhängig von der Kostenstruktur des Unternehmens und von der Art, wie Kosteneinsparungen an die Kunden weitergegeben werden. Der Umsatz ist bekanntermaßen wieder von der Preiselastizität der Nachfrage abhängig (vgl. Homburg/Krohmer 2009, S. 658 ff.). In diesem Fall ist eine anfängliche Penetrationsstrategie am besten geeignet, die Preisentwicklung ist von den Unternehmenspräferenzen abhängig.

Der fünfte Fall behandelt eine Technologieinnovation, die im Sinne der Makrodimension neuartig ist. Eine so beschaffene Innovation zeichnet sich aufgrund des technologischen Fortschritts durch einen hohen Produktnutzen aus. Aufgrund von Patenten und der langen Entwicklungszeit ist die Konkurrenzeintrittsgeschwindigkeit stark verlangsamt (vgl. Ali 2000, S. 159 ff.). Da der Markt hier nicht neu ist, ist mit einer hohen Innovationsrate zu rechnen. Auch der hohe Produktnutzen führt insgesamt zu einer hohen Adaptionsrate (vgl. Langerak/Hultink/Griffin 2008, S. 370 ff.; Bridges/Yim/Briesch 1995, S.66 ff.). Dieser Fall ist, wegen der langen Monopolstellung und des hohen Produktnutzens, prädestiniert für eine Skimmingstrategie (vgl. u.a. Dean 1950, S. 147; Noble/Gruca 1999, S. 438ff; Park/MacLachlan/Love 2011, S. 4 ff.). Der hohe Markteinführungspreis wird Konkurrenten dazu bewegen, in den Markt eintreten zu wollen (vgl. Redmond 1989, S. 101 ff.). Die langsame Eintrittsgeschwindigkeit wird dies allerdings herauszögern, weswegen eine längere Zeit Monopolgewinne verbucht werden können. Sobald ein Konkurrent eine ähnliche Innovation entwickelt hat, müssen die Preise im Rahmen der Preisentwicklung gesenkt werden (vgl. Eliashberg/Jeuland 1986, S. 20 ff.). Eine Skimmingstrategie hat hier hohe Gewinne, eine schnelle Amortisierungsdauer und hohen Umsatz zur Folge (vgl. u.a. Dean 1950, S. 147; Noble/Gruca 1999, S. 438 ff; Liu 2010, S. 429). Falls die Unternehmenspräferenzen sehr stark auf dem Absatz und dem Marktanteil liegen, kann auch eine Penetrationsstrategie angewendet werden (vgl. u.a. Dean 1950, S. 147; Noble/Gruca 1999, S. 438 ff.). In der Regel allerdings ist in solch einer Situation eine Skimmingstrategie besser geeignet.

Der sechste Fall ähnelt dem vierten Fall, nur dass es sich hierbei nicht um eine reine Marktinnovation handelt, es tritt zusätzlich noch eine technische Neuartigkeit im Bezug auf die Mikroperspektive auf. Der einzige Effekt dieses Umstandes ist aber, dass sich die Konkurrenzeintrittsgeschwindigkeit nochmals leicht verlangsamt (vgl. Ali 2000, S. 159 ff.). Auf die Wahl der Preisstrategie hat dies keinen Einfluss, die optimale Wahl für diesen Fall ist genau wie bei Nummer vier die Penetrationsstrategie. Die Preisentwicklung kann analog zu Fall vier gestaltet werden und daher je nach Unternehmenspräferenzen sinken, steigen oder gleichbleiben.

Für Ausprägung sieben empfiehlt sich wie bei Ausprägung fünf die Skimmingstrategie. Aufgrund der Tatsache, dass das innovierende Unternehmen einen neuen Markt betritt, ist die anfängliche Innovationsrate niedriger. Um dennoch eine schnelle Diffusion zu ermöglichen, sollte das innovierende Unternehmen vermehrt Werbemaßnahmen durchführen, um die Innovationsrate zu erhöhen (vgl. Kalsih 1985, S. 1575ff.; Thompson/Teng 1984, S. 158). Auf diese Weise kann die Innovationsrate gesteigert werden, ohne auf eine Skimmingstrategie zu verzichten. Falls die Unternehmenspräferenzen stark den Absatz und Marktanteil bevorzugen, kann auch wie bei Fall fünf eine Penetrationsstrategie verwendet werden. Allerdings ist hier eher zu einer Skimmingstrategie mit hohem anfänglichem Werbeaufwand zu raten (vgl. u.a. Dean 1950, S. 147; Noble/Gruca 1999, S. 438 ff.).

Die letzte Ausprägung stellt den Fall einer radikalen Innovation dar. Sie gilt als weltweite Neuheit, sowohl auf die Markt- als auch auf die Technologiedimension bezogen (vgl. Garcia/Calantone 2002, S. 118 ff.). Sie zeichnet sich durch einen besonders hohen Produktnutzen aus. Ihre völlige Neuartigkeit verlangsamt die Konkurrenzeintrittsgeschwindigkeit sehr stark. Eine radikale Innovation besitzt entsprechend eine lange Monopolstellung (vgl. Ali 2000, S. 159 ff.). Aufgrund des völlig neuen Marktes ist die Innovationsrate aber sehr gering (vgl. Bridges/Yim/Briesch 1995, S.66 ff.). Eine radikale Innovation befindet sich aufgrund der langen Monopolstellung und der niedrigen Innovationsrate im Zwiespalt. Bei einer langen Monopolstellung bietet sich die Skimmingstrategie an, um in dieser Zeit Monopolgewinne zu erzielen. Für eine Erhöhung der Innovationsrate und damit des Absatzes ist eine Penetrationsstrategie besser geeignet (vgl. u.a. Dean 1950, S. 147; Noble/Gruca 1999, S. 438ff; Park/MacLachlan/Love 2011, S. 3 ff.). Die Anwendbarkeit einer Skimmingstrategie hängt hier also von der Innovationsrate ab. Wenn es möglich ist, diese z.B. über Werbung zu erhöhen, kann eine Skimmingstrategie angewendet werden (vgl. Kalsih 1985, S. 1575ff.; Thompson/Teng 1984, S. 158). Falls dies nicht der Fall ist, sollte eine Penetrationsstrategie angewandt werden. Der entscheidende Faktor ist also, wie schnell die Innovatoren die radikale Innovation adaptieren. Von diesem Faktor hängt ab, welche Preisstrategie in diesem Fall geeigneter ist.

Bei einer Skimmingstrategie würden die Preise im Laufe der Preisentwicklung sinken. Da man es bei einer radikalen Innovation mit einer sehr langen Monopolstellung zu tun hat, sollten die Preise während dieser Zeit nur langsam sinken. Sobald allerdings die Monopolstellung aufgehoben ist und Konkurrenz den Markt betritt, sinken die Preise entsprechend schneller (vgl. Eliashberg/Jeuland 1986, S. 20 ff.). Diese Strategie kann, wie schon erwähnt, nur angewendet werden, wenn es gelingt, die Innovationsrate über andere Faktoren als den Preis zu erhöhen, beispielsweise durch verstärkten Werbeeinsatz in der Anfangsphase.

Wählt das Unternehmen eine Penetrationsstrategie, sollten die Preise erhöht werden, sobald der Takeoff der Innovation eingesetzt hat. Beim Takeoff steigt die Nachfrage rasant an, was unter anderem durch den hohen Produktnutzen und der damit einhergehenden positiven Mundpropaganda unterstützt wird (vgl. Golder/Tellis 1997, S. 257). Diese Preiserhöhung muss allerdings während der Monopolphase stattfinden (vgl. Kalsih 1983, S. 144). Mit dem Konkurrenzeintritt müssen die Preise wieder sinken (vgl. Eliashberg/Jeuland 1986, S. 20 ff.). Um diese nachträgliche Preiserhöhung den Kunden gegenüber zu rechtfertigen, sollte das Produkt anfangs mit einem höheren Listenpreis in Verbindung mit einem Markteinführungsrabatt in den Markt gebracht werden. Dies suggeriert den Kunden von Beginn an einen höheren Wert und somit einen höheren Referenzpreis (vgl. Park/MacLachlan/Love 2011, S. 3 ff.). Dies kann man am besten an einem Beispiel verdeutlichen. Wenn ein Produkt zu einem Preis von 70€ in den Markt eingeführt werden soll, würde man dieses Produkt mit einer unverbindlichen Preisempfehlung von 100€ ausgewiesen. Anfangs würde man aber einen Markteinführungsrabatt von 30% gewähren, sodass das Produkt die beabsichtigten 70€ kosten würde. Den Kunden würde aber durch die unverbindliche Preis Empfehlung ein Referenzpreis von 100€ suggeriert. In der Vorstellung des Kunden hat das Produkt einen höheren Wert. Dadurch empfindet ein Kunde spätere Preiserhöhungen als weniger schlimm (vgl. Campell 1999, S. 197; 2007, S. 262 ff.; Kahneman/Knetsch/Thaler 1986a S. 285 ff.).

Zusammenfassend betrachtet kann man erkennen, dass eine Skimmingstrategie nur bei technisch überlegenen Produkten geeignet ist, da sich sonst der erhöhte Preis gegenüber

Kunden nicht rechtfertigen ließe (vgl. u.a. Dean 1950, S. 147). Eine Penetrationsstrategie ist eher bei neuen Märkten geeignet und bei Produkten, die technisch keine oder nur geringe Verbesserungen bieten. Sie kann allerdings auch bei technisch überlegenen Innovationen angewendet werden, wenn die Unternehmenspräferenzen stark am Absatz und Marktanteil orientiert sind (vgl. Simon 1992, S. 39).

6. Implikationen und Zusammenfassung

6.1 Implikationen für die Unternehmenspraxis

Die vorgestellten Theorien und das daraus entwickelte Modell hat eine große Relevanz für Unternehmen. Wie in Kapitel 1.1 verdeutlicht besteht im Bereich des Pricings und des Innovationsmanagements großer Verbesserungsbedarf. Diese Arbeit liefert einen Beitrag dafür, wie dies realisiert werden kann.

„Wer den Hafen nicht kennt, in den er segeln will, für den ist kein Wind der richtige." (Lucius Annaeus Seneca)

Nach diesem Motto ist der erste wichtige Schritt die Definition der Ziele eines Unternehmens. Wie im Kapitel „Hypothesen zum Markterfolg" deutlich wurde, besteht der Markterfolg aus verschiedenen Messwerten, die sich allerdings teilweise in Zielkonkurrenz zueinander befinden (vgl. Simon 2004, S. 20 ff.; Montoya-Weiss/Calantone 1994, S. 400 ff.). So führt eine Gewinnmaximierung unter Umständen zu einem Absatzrückgang (vgl. u.a. Krishnan 1999, S. 1651; Homburg/Krohmer 2009, S. 661 ff.). Unternehmen muss also klar sein, dass sie nicht alle Ziele simultan maximieren können, sondern vielmehr Prioritäten setzen und ihre Preisstrategie entsprechend ausrichten müssen. Diese Implikation klingt zunächst trivial, bereitet Unternehmen in der Praxis allerdings große Schwierigkeiten, denn oft mangelt es an einer entsprechenden Zielsetzung (vgl. Simon 2004, S. 20 ff.). Der erste Schritt muss also die klare Definition der Unternehmensziele sein. Sie bilden die Grundlage, auf welcher die späteren Pricing-Entscheidungen basieren. Ein Unternehmen muss sich darüber im Klaren sein, ob es den Gewinn, den Umsatz, die Amortisierungsdauer, den Absatz oder den Marktanteil maximieren möchte. Besonders der Gewinn und die Amortisierungsdauer stehen häufiger in einem Zielkonflikt zum Absatz und dem Marktanteil (vgl. u.a. Krishnan 1999, S. 1651; Homburg/Krohmer 2009, S. 661 ff.). Wie in Kapitel 5.8 beschrieben, gibt es Situationen, in denen die optimale Preisstrategie von den Präferenzen des Unternehmens abhängt. Unternehmen müssen sich derer klar sein, um eine für sie optimale Strategie auszuwählen. Eine Favorisierung des Gewinns und der Amortisierungsdauer lässt sich besser mit einer Skimmingstrategie erreichen, nicht alle Innovationen sind allerdings für eine solche geeignet. Wenn die Präferenz eines Unternehmens auf dem Absatz und Marktanteil liegt, ist die Penetrationsstrategie die bessere Wahl (vgl. u.a. Dean 1950, S. 147; Noble/Gruca 1999, S. 438ff; Park/MacLachlan/Love 2011, S. 3 ff.). Diese kann grundsätzlich für alle Innovationen angewandt werden, bei technisch überlegenen Produkten werden damit aber Gewinnpotentiale verschenkt.

Als weiteren wichtigen Punkt sollten Unternehmen die psychologischen Zusammenhänge beachten, die auf die Kunden im Laufe des Diffusionsprozesses einwirken. Dies sind zum einen die Adaptionstheorie und die Charakterisierung der verschiedenen Käufergruppen und zum anderen die psychologischen Effekte, die die Preisinformationsaufnahme, -beurteilung und -speicherung beeinflussen. Wie im Modell verdeutlicht, haben diese Zusammenhänge großen Einfluss auf den Markterfolg einer Innovation (vgl. Park/MacLachlan/Love 2011, S. 3 ff.). Diese Zusammenhänge sollten sich Unternehmen bewusst machen, um die Stellschrauben der Innovationsdiffusion zu erkennen und dementsprechend Einfluss auf sie zu nehmen. Die erste wichtige Stellschraube, die sich aus der Adaptionstheorie ergibt, ist die Unsicherheit bezüglich einer Innovation. Sie ist immer vorhanden und steigt mit der Neuartigkeit einer Innovation an. Um die Unsicherheit zu verringern, benötigt der Kunde Informationen. Wie viele und auf welche Art ist vom Kunden abhängig (vgl. Rogers 1995, S. 263 ff.). Um auf verschiedene Kunden eingehen zu können, muss man sie einteilen und charakterisieren.

Nach dem Bassmodell (2004) kann man die Unterscheidung zwischen Innovatoren und Imitatoren treffen. Es lässt sich auch die Tendenz erkennen, dass je später eine Innovation adaptiert wird, desto geringer der soziale Status und damit das verfügbare Budget ist. Mit dem geringeren Budget einhergehend werden Innovationen zunehmend kritischer beurteilt, was im Laufe der Zeit einerseits zu einem erhöhten Informationsbedarf und andererseits zu einer steigende Preissensibilität führt (vgl. Rogers 1995, S. 263 ff.).

Dieser Informationsbedarf ist, wie schon erwähnt, der Unsicherheit bezüglich einer Innovation geschuldet. Sowohl die Innovatoren als auch die Imitatoren benötigen Informationen bezüglich des Produktnutzens, um Unsicherheiten ausräumen zu können. Die Art und Weise, wie sie sie erhalten, ist allerdings unterschiedlich: Während sich Innovatoren vorwiegend mit medialen Informationen begnügen, wird der steigende Informationsbedarf der Imitatoren durch die Kommunikation mit den Innovatoren gestillt. Um Unsicherheiten bei den

Innovatoren zu beseitigen, kann Werbung eingesetzt werden (vgl. Biswas/Blair 1991, S. 2; Winer 1986, S.251). Diese sollte, um die Innovatoren von einer Innovation zu überzeugen, den Produktnutzen in den Vordergrund stellen, über diesen können Innovatoren von einer Innovation überzeugt werden. Dies führt auch zu einer höheren Innovationsrate (vgl. Rogers 1995, S. 263 ff.).

Die Kommunikation zwischen Innovatoren und Imitatoren wurde im Modell als Mundpropaganda oder „word-to-mouth-Effekt" beschrieben. Die Innovatoren haben über die Mundpropaganda einen großen Einfluss auf die Diffusion einer Innovation. Sie bestimmen zum großen Teil die Meinung der Imitatoren bezüglich eines Produkts und beeinflussen damit die Diffusion auf negative oder positive Weise (vgl. Kalsih 1983, S. 144; Rogers 1995, S. 263 ff.). Diesen großen Einfluss müssen sich die Unternehmen vor Augen führen und entsprechend dafür sorgen, dass Innovatoren ein positives Bild von der Innovation haben.

Der entscheidende Faktor sind hierbei die Erwartungen, die die Innovatoren an die Innovation stellen. Werden diese enttäuscht, entsteht ein negatives Bild der Innovation. Um diesen Fall zu verhindern, sollten keine unrealistischen Erwartungen bezüglich der Innovation vermittelt werden, da diese immer enttäuscht würden. Diese Erwartungen betreffen den Produktnutzen sowie den Preis (vgl. Bridges/Yim/Briesch 1995, S.66 ff.). Der Produktnutzen einer Innovation sollte realistisch dargestellt werden, um keine falschen Erwartungen zu wecken. Auch der Preis einer Innovation muss im Verhältnis zum Nutzen stehen. Stimmt das Preis-Leistungs-Verhältnis nicht, fühlt sich der Kunde betrogen und wird dies mit einer negativen Bewertung quittieren.

Um die Diffusion einer Innovation voranzutreiben, ist die Unsicherheit der Kunden eine wichtige Stellschraube, da diese gezielt über die Informationsvermittlung beeinflusst werden kann (vgl. Biswas/Blair 1991, S. 2; Winer 1986, S.251). Bei der Informationsvermittlung sollte speziell auf den Produktnutzen eingegangen werden und es sollten keine unrealistischen Erwartungen geweckt werden, um ein positives Urteil der Innovatoren zu erhalten.

Eine andere Stellschraube, die wichtig für das Pricing von Innovationen ist, ist der externe Referenzpreis. Mit diesem kann die Zahlungsbereitschaft des Kunden abhängig vom Innovationsgrad positiv verändert werden. Man unterscheidet zwischen internem und externem Referenzpreis: Externe Referenzpreise entwickeln sich durch den Vergleich mit anderen Produkten (vgl. Della Bitta/Monroe/McGinnis 1981, S. 416ff; Rajendran/Tellis 1994, S. 23). Interne Referenzpreise bilden die Erwartungen der Kunden bezüglich des

Produktpreises ab und bestimmen darüber in gewissem Maße die Zahlungsbereitschaft der Kunden (vgl. Biswas/Blair 1991, S.1). Wie stark diese internen Referenzpreise gefestigt sind, hängt vom Innovationsgrad ab. Je neuer und innovativer ein Produkt ist, desto unsicherer ist der interne Referenzpreis eines Kunden (vgl. Park/MacLachlan/Love 2011, S. 3 ff.). Aufgrund dieser Unsicherheit orientiert sich der Kunde an anderen Produkten, also an externen Referenzpreisen. Aufgrund mangelnder Vergleichsmöglichkeiten sind diese aber entweder gar nicht oder nur selten für hoch innovative Produkte vorhanden. Somit besteht hier für Unternehmen die Möglichkeit, externe Referenzpreise über Listenpreise bzw. unverbindliche Preisempfehlungen zu liefern. Die Höhe der Listenpreise kann dabei das innovierende Unternehmen bestimmen und entsprechend den externen Referenzpreis. Über diesen wiederum wird die Zahlungsbereitschaft der Kunden beeinflusst. Somit besteht für hoch innovative Produkte die Möglichkeit, die Zahlungsbereitschaft der Kunden für diese Produkte zu erhöhen (vgl. Park/MacLachlan/Love 2011, S. 3 ff.). Auf diese Weise können Unternehmen erhöhte Gewinne erwirtschaften. Dies muss allerdings mit Maß geschehen, sodass nicht wie oben erwähnt, ein negativer Eindruck des Preis-Leistungs-Verhältnisses bei den Kunden entsteht. Geringfügige Preissteigerungen sollten aber ohne negative Effekte realisierbar sein (vgl. Park/MacLachlan/Love 2011, S. 3 ff.).

Diese geringfügige Preissteigerungen können aber enormen Einfluss auf den Gewinn haben, wie ein Rechenbeispiel verdeutlicht: Wenn ein Produkt für 100€ mit einem Gewinn von 10€ verkauft wird, kann man durch eine Preiserhöhung von 1% den Gewinn um 10% erhöhen. Der Produktpreis würde also auf 101€ steigen, der Gewinn auf 11€. Ein so eingesetzter Hebel kann über kleine Preiserhöhungen zu großen Gewinnanstiegen führen, die durch eine Veränderung des externen Referenzpreises realisierbar sind. Dieser Effekt hat also einen großen Einfluss auf den Gewinn eines Unternehmens und sollte daher ausgenutzt werden.

Die drei wichtigsten Implikationen dieser Bachelorarbeit für die Unternehmenspraxis sind die klare Definition der Unternehmensziele, die Kommunikation des Produktnutzens, ohne überhöhte Erwartungen zu wecken und die Veränderung der Zahlungsbereitschaft der Kunden für hoch innovative Produkte über den externen Referenzpreis.

6.2 Implikationen für die Wissenschaft

In diesem Kapitel geht es um die Implikationen, die sich auf Basis dieser Arbeit für die Wissenschaft ergeben.

Diese Bachelorarbeit ist an der Schnittstelle mehrerer Literaturströme angesiedelt. Sie verbindet Arbeiten über die Diffusion von Innovationen mit Arbeiten aus dem Pricing von neuen Produkten, sowie dem Behavioral-Pricing. Sie schafft damit eine Verbindung zwischen diesen Literaturströmen, die es ermöglicht, das Preismanagement von Innovationen umfassend und aus mehreren Blickwinkeln zu beleuchten. Durch diese umfassende Betrachtung wird die nähere, von der Literatur geforderte (vgl. Chiesa/Frattini 2011, S. 452), Untersuchung des Einflusses des Preismanagements auf Innovationen möglich.

Das in der Arbeit auf Basis der klassischen Preistheorie, des Behavioral-Pricing und der Diffusionstheorie entwickelte Modell, zeigt die Auswirkungen der Preisstrategie auf den Markterfolg des Unternehmens. Das Modell hat eine breite Basis, sowohl durch die betrachtete Literatur als auch durch die einbezogenen Zusammenhänge. Diese bestehen aus den Produkteigenschaften, die über den Innovationsgrad und Produktnutzen charakterisiert wurden, dem Konkurrenz- und dem Nachfrageverhalten. Das Modell stellt damit eine übergreifende Betrachtung der Rahmenbedingungen des Preismanagements von Innovationen dar, die auf einer breiten Literaturbasis erarbeitet wurde. Es werden dabei sowohl direkte als auch indirekte Einflüsse auf den Markterfolg aufgezeigt, die über die Beeinflussung der Nachfrage auftreten. Durch das Modell werden die Auswirkungen der Preisstrategie auf den Markterfolg einer Innovation deutlich gemacht.

Hierbei werden insbesondere bei den indirekten Einflüssen über die Nachfrage, die neuen und alten Erkenntnisse der Behavioral-Pricing-Forschung integriert. Insbesondere die Annahme von veränderbaren Zahlungsbereitschaften für hoch innovative Produkte ist in das Modell mit eingeflossen (vgl. Park/MacLachlan/Love 2011, S. 3 ff.). Insgesamt gesehen ist das Modell eines der wenigen Modelle, die einen umfassenden Überblick über unterschiedliche Preisstrategien unter verschiedenen Rahmenbedingungen geben (vgl. u.a. Noble/Gruca 1999, Tellis 1986). Das hier entwickelte Modell war in der Schnittstelle zwischen verschiedenen Literaturströmen angesiedelt, hat damit eine Forschungslücke behandelt (vgl. Chiesa/Frattini 2011, S. 452), und es der Wissenschaft ermöglicht, Zusammenhänge zwischen den genannten Literaturströmen herzustellen.

Im Rahmen dieser Betrachtung ist dieses Modell das erste seiner Art, das die Auswirkungen des Innovationsgrads auf die Preisstrategie von neuen Produkten untersucht. Dieser, wie im Laufe der Arbeit gezeigt wird, wichtige Einflussfaktor ist bisher noch in keiner anderen Arbeit im Zusammenhang mit der Preisstrategie untersucht worden. Um bezüglich des

Innovationsgrads allgemein gültige Aussagen treffen zu können, wurde hier der von Garcia und Calantone (2002) entwickelte Innovationsgrad verwendet. Dieser wurde auf Basis einer Metaanalyse von unterschiedlichen Innovationsgraden gebildet und soll so das vorherrschende Chaos unterschiedlicher Bezeichnungen des Innovationsgrads beheben (vgl. Garcia/Calantone 2002, S. 110).

Auf Basis unterschiedlicher Ausprägungen des Innovationsgrads wurden Fallunterscheidungen getroffen. Je nach Ausprägung des Innovationsgrads entstehen andere Konsequenzen für das Konkurrenz- und Kundenverhalten. Diese Konsequenzen wurden dann als Kriterien für die Auswahl der Preisstrategie herangezogen, um somit die optimale Preisstrategie für unterschiedliche Innovationsgrade zu bestimmen. Das Modell untersucht somit, welche Preisstrategien unter verschiedenen Rahmenbedingungen tendenziell erfolgreicher sind und schließt damit eine entstandene Forschungslücke (vgl. Totzek/Alavi 2011, S. 534, Noble/Gruca 1999, S. 439 ff.).

Das Modell gliedert das Konkurrenzverhalten in die drei Unterpunkte Eintrittsgeschwindigkeit, Eintrittswahrscheinlichkeit und Preisanpassungen. Besonders die Punkte Eintrittsgeschwindigkeit und Eintrittswahrscheinlichkeit ermöglichen eine nähere Bestimmung des Markteintrittszeitpunkts von Konkurrenz. Obwohl letzterer in bisherigen Betrachtungen immer als gegeben angesehen wurde, entspricht das definitiv nicht der Realität (vgl. u.a. Krishnan/Bass/Kumar 2000, S. 272ff.; Eliashberg/Jeuland 1986, S. 22 ff.). Durch diese Charakterisierung in die zwei Punkte Eintrittsgeschwindigkeit und –wahrscheinlichkeit wird ein Abschätzen des Zeitpunkts möglich. Dies ist wichtig, da der Markteintritt über die Dauer einer Monopolstellung des innovierenden Unternehmens bestimmt und damit über den Zeitraum, in dem Monopolgewinne abgeschöpft werden können (vgl. u.a. Krishnan/Bass/Kumar 2000, S. 272ff.; Eliashberg/Jeuland 1986, S. 22 ff.). Die Einteilung des Konkurrenzverhaltens, wie sie im Modell stattfindet, gibt der Wissenschaft erste Anhaltspunkte, wie der Konkurrenzmarkteintritt vorhergesagt werden könnte. Er ermöglicht somit eine differenziertere Betrachtung des Konkurrenzverhaltens.

Zusammenfassend sind die Implikationen für die Wissenschaft folgende: Es werden zwei Forschungslücken geschlossen und die Verbesserung einer bisherigen Limitation erarbeitet. Die erste Forschungslücke wurde durch die Zusammenführung verschiedener Literaturströme erreicht. Auf dieser Basis wurde ein Preismodell entwickelt, das die nähere Untersuchung der Zusammenhänge zwischen der Preisstrategie und dem Markterfolg einer Innovation ermöglicht, wie dies von Chiesa und Frattini (2011) gefordert wurde. Eine zweite Forschungslücke wurde durch die Betrachtung des Erfolgs verschiedener Preisstrategien bei unterschiedlichen Rahmenbedingungen geschlossen. Als letztes wurde es ermöglicht, den Markteintrittszeitpunkt der Konkurrenz abschätzen zu können und somit einen Verbesserungsvorschlag für die Limitation vergangener Artikel zu liefern (vgl. u.a. Krishnan/Bass/Kumar 2000, S. 272ff.; Eliashberg/Jeuland 1986, S. 22 ff.).

6.3. Zusammenfassung und Limitationen

Für das Modell ergeben sich gewisse Limitationen. Die Kostenstruktur des Unternehmens wurde nicht in das Modell integriert. Dies hat unter anderem den Grund, dass das Modell an sich schon sehr komplex ist. Ein weiterer Faktor würde der Übersichtlichkeit des Modells sehr schaden. Es wäre damit nicht mehr leicht überschaubar und verständlich. Der Untersuchungsschwerpunkt lag außerdem auf dem Innovationsgrad, somit wurden speziell dessen Auswirkungen untersucht. Bezüglich des Innovationsgrads konnte während der Literaturrecherche keine verallgemeinernde Aussage bezüglich der Kostenstruktur gefunden werden. Diese kann entweder nicht gemacht werden oder dieser Zusammenhang ist noch nicht entsprechend untersucht worden und bietet sich damit als zukünftige Forschungsrichtung an. Die Kostenstruktur eines Unternehmens bestimmt nämlich zu einem gewissen Teil über die Anwendbarkeit einer Preisstrategie (vgl. Tellis 1986, S. 151). Eine weitere Limitation ist der konzeptionelle Charakter des Modells. Um dessen Gültigkeit zu beweisen, muss es noch empirisch untersucht werden, dies vermag die zukünftige Forschung zu leisten.

Zusammenfassend wurde in dieser Bachelorarbeit der Zusammenhang zwischen dem Innovationsgrad und der Preisstrategie hergestellt. Dazu wurden drei Theorien herangezogen: Die klassische Preistheorie, das Behavioral-Pricing und die Diffusionstheorie. Auf dieser Basis wurde ein Modell entwickelt, das es möglich macht, für unterschiedliche Innovationsgrade die passende Preisstrategie zu finden. Dafür wurden in Abhängigkeit von der Ausprägung des Innovationsgrads die Konsequenzen für das Konkurrenz- und Kundenverhalten erläutert. Anhand dieser Konsequenzen wurde auf Basis unterschiedlicher Literaturströme die optimale Preisstrategie gewählt. Im Anschluss an das Modell wurden dann Implikationen für die Unternehmenspraxis gegeben, die sich im Laufe der Modellentwicklung ergeben haben. Abschließend wurde der Wert dieser Arbeit für die Wissenschaft erläutert und zukünftige Forschungsrichtungen aufgezeigt.

Literaturverzeichnis

Ali, A. (2000), The impact of innovativeness and development time on new product performance for small firms, Marketing Letters 11(2), 151-163.

Bass, F. M. (2004), A New Product Growth for Model Consumer Durables, in Management Science Vol. 50, S. 1825-1832.

Biswas, A. and E. A. Blair (1991), Contextual effects of reference prices in retail advertisements, The Journal of Marketing, 1-12.

Bridges, E. Kin, C. Briesch, R.A. (1995), A high-tech product market share model with customer expectations, Marketing Science, 61-81.

Campbell, M. C. (1999), Perceptions of price unfairness: antecedents and consequences, Journal of Marketing Research, 187-199.

Campbell, M. C. (2007), "Says who?!" How the source of price information and affect influence perceived price (un) fairness, Journal of Marketing Research 44(2), 261-271.

Chandrasekaran, D. and G. J. Tellis (2007), A critical review of marketing research on diffusion of new products, Review of marketing research 3, 39-80.

Chatterjee, R. and J. Eliashberg (1990), The innovation diffusion process in a heterogeneous population: A micromodeling approach, Management Science, 1057-1079.

Chiesa, V. Frattini, F. (2011), Commercializing Technological Innovation: Learning from Failures in High-Tech Markets, in Journal of Product Innovation Management Vol28, S. 437–454

Dean, J. (1950), Pricing policies for new products, Harvard Business Review 28(6), 45-53.

Della Bitta, A.J. Monroe, K.B. McGinnis, J.M. (1981), Consumer perceptions of comparative price advertisements, Journal of Marketing Research, 416-427.

Diller, H. (1997), Preis-Management im Zeichen des Beziehungsmarketing, Betriebswirtschaft-Stuttgart 57, 749-763.

Diller, H. (2000), Preiszufriedenheit bei Dienstleistungen, Betriebswirtschaft-Stuttgart 60(5), 570-587

Dockner, E. and S. Jorgensen (1988), Optimal pricing strategies for new products in dynamic oligopolies, Marketing Science, 315-334.

Dutta, S. Zbarack, M.J. Bergen, M. (2003), Pricing Process as a Capability: A Resource-Based Perspective, in Strategic Management Journal Vol. 24, S. 615-630

Eliashberg, J. and A. P. Jeuland (1986), The impact of competitive entry in a developing market upon dynamic pricing strategies, Marketing Science, 20-36

Erdem, T. Mayhew, G. Sun, B. (2001), Understanding reference-price shoppers: a within-and cross-category analysis, Journal of Marketing Research, 445-457.

Feick, L. F. and L. L. Price (1987), The market maven: A diffuser of marketplace information, The Journal of Marketing, 83-97

Gabor, A. and C. W. J. Granger (1979), Price sensitivity of the consumer, Management Decision 17(8), 569-575.

Garcia, R. and R. Calantone (2002), A critical look at technological innovation typology and innovativeness terminology: a literature review, Journal of Product Innovation Management 19(2), 110-132.

Gedenk, K. and H. Sattler (1999), Preisschwellen und Deckungsbeitrag–Verschenkt der Handel große Potentiale?, Zeitschrift für betriebswirtschaftliche Forschung, 51. Jg., 1999, S. 33-59, Zeitschrift für betriebswirtschaftliche Forschung 51, 33-59.

Golder, P. N. and G. J. Tellis (1997), Will it ever fly? Modeling the takeoff of really new consumer durables, Marketing Science, 256-270.

Golder, P. N. and G. J. Tellis (2004), Growing, Growing, Gone: Cascades, Diffusion, and Turning Points in the Product Life Cycle, in Marketing Science, Vol. 23, S. 207-218.

Greenleaf, E. A. (1995), The impact of reference price effects on the profitability of price promotions, Marketing Science, 82-104.

Griffin, A. (1993), Metrics for measuring product development cycle time, Journal of Product Innovation Management 10(2), 112-125.

Hauser, J./Tellis, G. J./Griffin, A. (2006), Research on Innovation: A Review and Agenda for Marketing Science, in Marketing Science Vol. 25, No. 6, S. 687–717

Henard, D. H. and D. M. Szymanski (2001), Why some new products are more successful than others, Journal of Marketing Research, 362-375.

Homburg, C. and N. Koschate (2005), Behavioral Pricing-Forschung im Überblick, Teil 1, Zeitschrift für Betriebswirtschaft, ZfB, 383–423

Homburg, C. and N. Koschate (2005), Behavioral Pricing-Forschung im Überblick, Teil 2, Zeitschrift für Betriebswirtschaft, ZfB, 501-524.

Homburg C., Krohmer H. (2009), Marketing Management Strategie-Instrumente-Umsetzung-Unternehmensführung. 3. Auflage, Gabler, Wiesbaden

Horsky, D. (1990), A diffusion model incorporating product benefits, price, income and information, Marketing Science, 342-365.

Hultink, J. E.Griffin, A.Robben, H.S.J.Hart, S. (1998), In search of generic launch strategies for new products, International Journal of Research in Marketing 15(3), 269-285.

Ingenbleek, P. Debruyne, M.Frambach, R.T.Verhallen, T.M.M. (2003), Successful new product pricing practices: a contingency approach, Marketing Letters 14(4), 289-305.

Ingenbleek, P. Frambach, R.T. Verhallen, T.M.M. (2010), The Role of Value-Informed Pricing in Market-Oriented Product Innovation Management, Journal of Product Innovation Management 27(7), 1032-1046.

Jain, D. Mahajan, V. Muller, E. (1991), Innovation diffusion in the presence of supply restrictions, Marketing Science, 83-90.

Janiszewski, C. and D. R. Lichtenstein (1999), A range theory account of price perception, Journal of Consumer Research 25(4), 353-368.

Kahneman, D. Knetsch, J.L. Thaler, R.H. (1986a), Fairness and the Assumptions of Economics, Journal of business, 285-300.

Kahneman, D. Knetsch, J.L. Thaler, R.H. (1986b), Fairness as a constraint on profit seeking: Entitlements in the market, The American economic review, 728-741

Kalish, S. (1983), Monopolist pricing with dynamic demand and production cost, Marketing Science, 135-159.

Kalish, S. (1985), A new product adoption model with price, advertising, and uncertainty, Management Science, 1569-1585.

Kleinschmidt, E. J. and R. G. Cooper (1991), The impact of product innovativeness on performance, Journal of Product Innovation Management 8(4), 240-251.

Krishnan, T. V., Bass F. M., Jain D.C. (1999), Optimal pricing strategy for new products, Management Science, 1650-1663

Krishnan, T. V., F. M. Bass, V. KUMAR (2000), Impact of a late entrant on the diffusion of a new product/service, Journal of Marketing Research, 269-278.

Langerak, F. Hultink, E.J. Griffin, A. (2008), Exploring Mediating and Moderating Influences on the Links among Cycle Time, Proficiency in Entry Timing, and New Product Profitability*, Journal of Product Innovation Management 25(4), 370-385.

Lilien, G. L. and E. Yoon (1990), The timing of competitive market entry: An exploratory study of new industrial products, Management Science, 568-585.

Liu, H. (2010), Dynamics of pricing in the video game console market: Skimming or penetration?" Journal of Marketing Research 47(3), 428-443.

Mahajan, V. Sharma, S. Buzzell, R.D. (1993), Assessing the impact of competitive entry on market expansion and incumbent sales, The Journal of Marketing, 39-52.

Manion, M. T. and J. Cherion (2009), Impact of Strategic Type on Success Measures for Product Development Projects, Journal of Product Innovation Management 26(1), 71-85.

Mansfield, E. (1988), The speed and cost of industrial innovation in Japan and the United States: External vs. internal technology, Management Science, 1157-1168.

Mazumdar, T. and S. Y. Jun (1992), Effects of price uncertainty on consumer purchase budget and price thresholds, Marketing Letters 3(4), 323-329.

Messica, A. and A. Mehrez (2002), Time-to-market, window of opportunity, and salvageability of a new product development, Managerial and Decision Economics 23(6), 371-378.

Mehta, N. Rajiv, S. Srinivasan, K. (2003), Price uncertainty and consumer search: A structural model of consideration set formation, Marketing Science, 58-84.

Mishra, S. Kim, D. Lee, D.H. (1996), Factors Affecting New Product Success: Cross-Country Comparisons, Journal of Product Innovation Management 13(6), 530-550.

Monroe, K. B. (1973), Buyers' subjective perceptions of price, Journal of Marketing Research, 70-80.

Monroe, K. B. and A. Y. Lee (1999), Remembering versus knowing: Issues in buyers' processing of price information, Journal of the Academy of Marketing Science 27(2), 207-225.

More, R. A. (1982), Risk factors in accepted and rejected new industrial products, Industrial Marketing Management 11(1), 9-15.

Montoya-Weiss, M. M. and R. Calantone (1994), Determinants of new product performance: a review and meta-analysis, Journal of Product Innovation Management 11(5), 397-417.

Natter, M. and H. Hruschka (1997). Ankerpreise als Erwartungen oder dynamische latente Variablen in Marktreaktionsmodellen, Vienna University of Economics and Business Administration.

Noble, P.M. Gruca, T.S. (1999), Industrial Pricing: Theory and Managerial Practice, in Marketing Science Vol. 18, No. 3, S. 435-454

Norton, J. A. and F. M. Bass (1987), A diffusion theory model of adoption and substitution for successive generations of high-technology products, Management Science, 1069-1086.

Park, J.H. MacLachlan, D. L. Love, E. (2011), New product pricing strategy under customer asymmetric anchoring, in International Journal of Research in Marketing Vol.28 S. 309-318

PatG §9 www.patentgesetz.de (Stand 30.11.2011)

Peres, R. Muller, E. Mahajan, V. (2010), Innovation diffusion and new product growth models: A critical review and research directions, in International Journal of Research in Marketing, Vol. 27, S. 91-106.

Rajendran, K. N. and G. J. Tellis (1994), Contextual and temporal components of reference price, The Journal of Marketing, 22-34.

Rao, A. R. and K. B. Monroe (1989), The effect of price, brand name, and store name on buyers' perceptions of product quality: An integrative review, Journal of Marketing Research, 351-357.

Redmond, W. H. (1989), Effects of new product pricing on the evolution of market structure, Journal of Product Innovation Management 6(2), 99-108

Robertson, T. S. (1967), The process of innovation and the diffusion of innovation, The Journal of Marketing, 14-19.

Robinson, B. and C. Lakhani (1975), Dynamic price models for new-product planning, Management Science, 1113-1122.

Rogers, E. M. (1995). Diffusion of innovations, 4.Auflage, Free Press,o.O

Simon, H. (1992), Preismanagement Analyse-Strategie-Umsetzung, 2. Auflage, Gabler,o.O.

Simon, H. (2004), Ertragssteigerung durch effektivere Pricing-Prozesse, in Zeitschrift für Betriebswirtschaft, Heft 11/2004, S. 1083-1102

Song, X. M. and M. M. Montoya-Weiss (1998), Critical development activities for really new versus incremental products, Journal of Product Innovation Management 15(2), 124-135.

Spann, M. Fischer, M. Tellis, G. J., (2009), Skimming or Penetration?Strategic Dynamic Pricing for New Products, Working Paper

Stigler, G. J. (1961), The economics of information, The Journal of Political Economy 69(3), 213-225

Stiving, M. and R. S. Winer (1997), An empirical analysis of price endings with scanner data, Journal of Consumer Research 24(1), 57-67.

Studie IAI , Institut für angewandte Innovationsforschung e.V.

http://www.iai-bochum.de/aktuelles/presse/177-innovationsflops-kosten-viel-zeit-und-geld-9-von-10-produktinnovationen-scheitern.html (Stand 1.12.2011)

Studie Markenverband, GfK und Serviceplan

http://www.serviceplan.com/uploads/tx_sppresse/301.pdf (Stand 1.12.2011)

Studie Simon-Kucher &Partners, Strategy & Marketing Consultans

http://www.simon-kucher.com/internetdatabase/Publication.nsf/0/55f4634a55575b8ec12578fc00280491/$FILE/PM_26_Global%20Pricing%20Study_300811.pdf (Stand 1.12.2011)

Studie Zentrum für europäische Wirtschaftsforschung GmbH

ftp://ftp.zew.de/pub/zew-docs/mip/10/mip_2010.pdf (Stand 1.12.2011) _

Tacke, G. (1997), Strategisches Pricing-Herausforderung für die Automobilindustrie, ZFB 11, 1997.

Tellis, G. J. (1986), Beyond the many faces of price: an integration of pricing strategies, in The Journal of Marketing, S. 146-160.

Tellis, G.J. Stremersch, S. Yin, E. (2003), The international takeoff of new products: The role of economics, culture, and country innovativeness, Marketing Science 22(2), 188-208.

Tillmann, D. Simon,H. (2008), Preisbündelung bei Investitionsgütern, Schmalenbachs Zeitschrift für betriebswirtschaftliche Forschung, 60 August 2008 517-538

Thommen J.-P., Achleitner A.-K., (2006) Allgemeine Betriebswirtschaftslehre, 5. Auflage, Gabler

Totzek, D. and S. Alavi (2011), Professionalisierung des Preismanagements auf Business-to-Business-Märkten: Die Rolle der Marktorientierung und der Unternehmenskultur, in Schmalenbachs Zeitschrift für betriebswirtschaftliche Forschung, S. 533-562.

Urbany, J.E. Dickson, P.R. Kalapurakal, R. (1996), Price search in the retail grocery market, The Journal of Marketing, 91-104.

Vanhuele, M. and X. Dreze (2002), Measuring the price knowledge shoppers bring to the store, The Journal of Marketing, 72-85.

Veryzer Jr, R. W. (1998), Key factors affecting customer evaluation of discontinuous new products, Journal of Product Innovation Management 15(2), 136-150.

Winer, R. S. (1986), A reference price model of brand choice for frequently purchased products, Journal of Consumer Research, 250-256